Tachibana Business Shinsyo

深見東州
Fukami Toshu

入門 成功する中小企業の経営

10ページ読んでも
売上が上がる経営本

ＴＴＪ・たちばな出版

本書は、平成十三年六月に弊社より発刊された
『中小企業の経営の極意』を再編集のうえ発行しました。

新書判のまえがき

著名なカリスマ企業経営者は、ドグマや教派にとらわれない、普遍的な神仏への信仰を持ち、それを心のよりどころにした人が多い。

出光興産創業者の出光佐三氏は、宗像大社の熱心な崇敬者で知られる。西武グループ創始者の堤康次郎氏は、箱根神社の熱心な崇敬者。〝経営の神様〟松下幸之助氏は、会社の敷地内に〝根源の社〟を建立する。東芝の社長・会長を歴任した土光敏夫氏は、熱心な法華経崇敬者だった。また、京セラ・ＫＤＤＩ創業者の稲盛和夫氏や、協和発酵工業の創業者加藤辨三郎氏、エスエス製薬の創業者泰道照山氏も、熱心な仏教者として知られる。そして、〝Ｃａｎｏｎ〟が、〝観音〟から来てる事はあまりにも有名。

カリスマ経営者として知られるようになった私も、25歳で大学受験予備校を創業し、28歳で時計会社、36歳で出版社、観光会社を設立した。そして、37歳の時、海外で家具屋やヨットのマリーナ、ホテルを買収し、海外での経営を始めた。こうして、信仰に基づくチャレンジを続けたのである。今は、国内外に十数社を経営し、全てを成功させてるつもりだ。

何教であるかは関係ない。普遍的な信仰に基づく、経営者のあり方を本書で紹介する。これを参考にして、自分に合った経営法を編み出し、不屈の精神力で成功して頂きたい。信念は、折れれば挫折するが、信仰に挫折はない。だから、不屈の精神力の支えになるのである。皆様の成功を、心よりお祈り申し上げげます。

知の阪神　深見東州
本名　半田晴久
別名　戸渡阿見

はじめに

日本経済はいまなお厳しい状況に置かれている。バブル経済のツケは思いのほか大きく、企業の体力が完全に回復するまでにはまだしばらくの時間がかかるだろう。この稿を執筆している現在、やや景気は持ち直しているように見えるものの、資本の乏しい中小企業の苦境はまだまだ続くに違いない。

中小企業とは、製造業その他では資本金三億円以下または従業員三〇〇人以下の会社及び個人企業、卸売業では資本金一億円以下または従業員一〇〇人以下の会社及び個人企業、小売業は資本金五千万円以下または従業員五〇人以下の会社及び個人企業、サービス業は資本金五千万円以下または従業員一〇〇人以下の会社及び個人企業とされている。

このような中小企業は、日本の全事業所数の九十九パーセントを占めている。つまり、名の知れた大企業よりもむしろ、あまり名前を聞いたことのないような無数の中小企業こそが、日本経済の屋台骨を支えているのだ。日本経済の未来を照らすものは、マクロ的な経済学ではなく、中小企業という現場経済なのだ。

そのような中小企業の経営者が求めているのは、聞こえのよい経済理論ではなく、経営者が味わっている呻吟、葛藤、悩みを具体的に解決する方法であるはずだ。

従来、「経営コンサルタントが会社経営をして成功したためしがない」と言われてきた。自ら会社を経営した経験もなく、きれいごとではない現場の辛苦を味わったことがないコンサルタントが、経営者の抱える現実直下の悩みに答えられないのは当然のことだと言えよう。

私は経営コンサルティングを行なう一方、自分自身もいくつかの会社経営に携わっている。そして、そのすべてをその分野で一、二を争う実績をあげるまでに成長させてきたが、ここまでくる間に、さまざまな失敗や人に言えない苦しみを味わってきた。人事にしろ交渉ごとにしろ、あるいは資金繰りにしろ、未熟な私にとって、とてつもないほど大きな壁だった。それでも、必死になって取り組む中でいくつもの妙案が浮かんできて、その都度、何とかクリアすることができた。

そうした実体験の中から編み出された経営術を紹介したのが、これまでの著作群である。つまり、私のコンサルティングはすべて私自身の経験と成功の実績に基づいたものであり、机上の空論は一つとしてない。

いくら不況が深刻化していると言っても、日本中の中小企業がすべて根絶やしになるというものではない。しかるべき道にしたがって、日々努力すれば、必ず生き残ることはできる。さらに言えば、どんな業種であっても、中小企業の経営者が直面する困難や緊迫状況には、実はそれを解決し、乗り越えていくための一定の法則がある。

本書は、その法則に焦点を当てながら、私の過去の著作群の中からポイントを抜粋し、よりわかりやすく整理したものである。私の著書をはじめて読まれる方にも、そうでない方にも、論理明快かつまた具体的な経営指南となるようにと切に願いながら書いたつもりだ。

本書で述べる中小企業の経営極意を、現実の経営に生かしていただければ、これほどの喜びはない。

深見　東州

入門　成功する中小企業の経営　もくじ

第一章　中小企業に必要な五つの管理……17

第二章　中小企業を発展させる攻めと守りの極意……67

第三章　従業員を生かす労務管理のコツ……141

第四章　中小企業経営者に求められる経営姿勢

第一章　中小企業に必要な五つの管理

経営者の社会的責任とは

よく、企業の社会的責任とか社会的使命ということが言われるが、企業の社会的責任、使命とは一体どのようなものなのだろうか。本書を書き始めるにあたって、まずはこの問題から考えてみたい。

さて、企業の社会的責任とか社会的使命というと、文化事業や福祉活動のバックアップを思い浮かべる向きも多いと思う。たとえば、世界的な大企業であるIBMはクラシック・バレエをはじめ、さまざまなクラシック・コンサートに寄付しているし、福祉活動にも積極的に関与している。IBMだけではない。欧米の企業は文化事業や福祉活動のバックアップに非常に熱心である。

それに対して日本ではどうかというと、いま一つパッとしない。日本の企業は欧米の企業ほど、文化活動やチャリティーに積極的でないのが現実だ。そのため海外から、日本は金満大国だが、文化国家としては三流だといった批判を受けたりもしている。

一体、このギャップはどこからくるのだろうか。思うに、社会の形態、文化の伝統、生活習慣などの違いもさることながら、やはり税制面の違いが大きな要因になっているのではないだろうか。

一般にはあまり知られていないが、アメリカやヨーロッパ、オーストラリアなどほとんどの国が、文化や福祉などの公的な活動に対する寄付金についてはすべて課税の対象外、つまり無税という扱いをしている。だからこそ、こうした国々では日本では考えられないほど、チャリティーとか福祉事業とか、公共のために益するものに対して企業が大胆に援助とバックアップができるわけだ。

一方、日本では、資本金のほとんど全てが課税対象になってしまう。海外に比べて日本の企業はチャリティーに積極的でないという批判の根っ子に、こういう税制の違いがあることは否めないだろう。日本も欧米並みに税制を改めれば、福祉事業や文化事業がいつも資金面で苦しむというようなことにはならないと思う。

しかし、私は何も、企業の価値は文化事業への取り組み方にある、などと言いたいわけではない。たしかに、企業が世のため人のためにお役に立ちたいと、チャリティーや文化事業を後押しすることは大切なことではある。しかしその前に、企業にはもっと大きな社会的責任がある。

収益を上げつづけること、これが第一の企業責任

それは、ドラッカーも言っているように、何よりもまず収益を上げつづけること。これが企業にとっての第一義の責任である。

われわれ企業経営者は、従業員を抱えている。数の多寡はあるにしても、企業を経営している限り、多かれ少なかれ従業員を抱えている。その従業員には家族がいる。それら何百、何千、あるいは何万という従業員の家族たちはみな、会社からの給料で生活しているわけで、収益を上げつづけなければ、給料を支払うこともボーナスを出すこともできなくなり、その日から従業員とその家族たちは路頭に迷うことになる。

それを考えれば、収益を上げつづけ、従業員ならびにその家族の生活を支えていくことこそが企業の第一の社会的責任であるということに、誰しも納得するはずだ。もし、会社を倒産させるようなことにでもなれば、従業員の家族が一家離散、さらには自殺といった悲劇まで引き起こさないとも限らない。そんなことにでもなったら、これほど社会に迷惑をかけることはあるまい。

不幸に陥れるのは従業員やその家族だけではない。取引先にも多大な迷惑をかけることになる。とくに仕入れ先への迷惑は測り知れない。

会社が倒産して相手に不渡りを食らわせたら、どれほど恨まれるだろうか。少しずつでも返済していくなど、それなりの誠意を示せば、

「仕方がない。誠意に免じて気長に待ちましょう」

と言ってくれる人もいるかもしれないが、ふつうは、とうてい納得できるものではない。ましてや、その誠意すらなければ、本当に恨み骨髄に徹するだろう。

販売先も同じことだ。税務署が売掛金を差し押さえに行ったり、債権者が大挙して押しかけて、「私たちの商品です」と、関係ない商品まですべて持ち去っていくなんていうこともあるだろう。

一番不幸になるのは、自分を含めた経営者一族かもしれない。会社が倒産すれば自己資産のすべてを失うばかりか、それでも足りない場合には、風体のよろしくない取立屋に四六時中、追い回されることにもなりかねず、それによって一家離散に追い込まれるといったケースは枚挙にいとまがない。二年ほど前、経営不振に悩む自動車用品関連の製造業、卸売会社、小売会社各社の社長三人が連れ立

って自殺するという悲劇があったが、経営者およびその家族にのしかかる重圧は想像を絶するものがあるのだろう。

要するに、経営者の責任とは、何よりもまず、会社を潰さないように収益を上げていくことなのである。そして、従業員とその家族を幸せにし、仕入れ先、販売先の幸せを考えると同時に、自分の家族も幸せにする。少なくとも、経済的に負担をかけない、危機をもたらさないということが、経営者にとっての社会的責任なのである。

最も大切なのはゴーイングコンサーン

とにもかくにも、採算がとれること、利益が上がること、それが経営者に課せられた第一義の社会的責任であり、それをクリアしたら次に考えるのが、株主への配当である。

ただし、利益処分のやり方はアメリカと日本ではだいぶ違う。アメリカは高配当だが、日本の場合は、配当に回すよりも会社を存続させていこうとするため、内部留保が多いのがふつうだ。というのも日本では、会社であろうと家であろうと、子々孫々受け継がれて絶えることがないということを大切にする文化が根づいているからで、ゴーイングコンサーン（企業が存続していくこと）に第一の価値を置いている企業がほとんどである。理念としては、どこの国の会計原則を見ても、ゴーイングコンサーンを重視すべきだということになってはいるが、それを至上のものとして実践しているのが、ほかならぬ日本の企業なのだ。

だから日本では、利益が上がるとまず内部留保で投資に回し、次に役員報酬、配当という順に分配していく。社長の給料や取締役の報酬は比率から見て、欧米のそれよりはるかに少ない。株の配当もなるべく少なくし、内部留保を設けて投資に回しているのが一般的だ。

これに対して欧米の企業の場合は、会社が儲かるとまず、役員が当然の権利として膨大な報酬と株の配当を受け取る。会社はあくまで個人の利益を追求する道具だと割り切っているからで、アメリカの経営者が莫大な富を持つ資産家に名を連ねている所以でもある。

そのように、日本の企業と欧米の企業は基本構造からして違うのだが、それでも、上場会社なら株主への配当を考えるのが経営者の社会的責任、マネジメントの責任である。

そういった経営者の社会的責任・使命と、業務内容が社会に役立っているかどうかという問題とは、別の次元の話である。ところが、人は往々にしてそこを混同してしまう。

「自分の会社は世の中に役立つような仕事をしていない。もっと意義のある仕事に就きたいのだが……」

「こんな仕事では、世間様に顔向けできない」

そんな思いにとらわれている人も少なくないだろう。

しかし、仕事というのは、どこかしら生産活動の一端を担っているものであれば、どんな仕事であれ、必ず社会の役に立っているはずである。だから、会社というのは収益が上がればいい。上がり続ければいいのだ。

もっとも、ソープランドを経営したり、ダイオキシンを撒き散らしたり、プリペイドカード再生の機械をつくったりという、いわば社会に害毒をもたらすような仕事では、社会的な使命感なぞ湧いてくるものではない。やはり「社会の役に立っているんだ。みんなの役に立っているんだ」と思えることが重要だ。それがあってはじめて、やる気に満ち、会社をやっていく情熱も生まれるというものである。

ただし、自然食だとか環境改善商品などに代表されるような、宗教的理念、社会的な正義感、道徳観、倫理観から「この商品は素晴らしい」なんて言って取り組んだ仕事は、だいたい失敗する。宗教的な情熱、道徳的な使命感で目が曇ってしまい、マーケットとしてはどうか、どういう先発メーカーがあって業績はどうなのか、という経営的な分析が甘くなってしまうからだ。道徳的、倫理的、あるいは宗教的な観念の強い人は、とかく「ああ、これは人の役に立つ。みんなのためになる」と舞い上がってしまいがちなので、そういう分野は危険である。

そういうタイプの人は、むしろ地味な、どちらかと言えば人の嫌がる仕事、人が避けて通る仕事を考えたほうがいいのではないか。たとえばゴミ処理場のコンピュータ制御ソフトの作成だとか、し尿処理車のタイヤ製造だとか、そういったものの生産工程の、どこかの部分に入り込んでいけば、これは社会的なニーズも多く、ビジネスとしてのうま味も出てくるだろう。

ともあれ、企業経営者に課せられている社会的責任の第一は、利益を生みつづけ、会社を存続させること。次いで株主への配当、福祉・文化活動および各種イベントのバックアップ等々といったことになるのではないかと私は考えているわけだが、では、どうやったら利益を生みつづけることができるのだろうか。

この点については、中小企業における「管理の五原則」というのがある。すでに企業経営にたずさわっている人にとっては至極当然な話になるかもしれないが、確認の意味で「管理の五原則」を書いておきたい。

管理の五原則

①販売管理

五つの管理とは、いうまでもなく販売管理・労務管理・財務管理・資金調達・税金対策である。この五つをバランスよくできなければ、立派な経営者と評価されることはないだろう。

販売管理ができても財務管理が甘かったら放漫経営となり、計数に暗いと言われる。財務管理ができても販売管理ができなければジリ貧状態となり、消極的だと言われる。また、労務管理ができなければ従業員の力を十二分に発揮できないばかりか、チームワークも生まれず、人望がないと言われる。資金調達ができなければ、資金がショートして会社は回転していかないし、税金対策が甘ければ利益は残らない。

だから、五つの管理がバランスよくできるようでなければならないわけだが、このうち、中小企業にとって一番重要なのは何かと言えば、間違いなく販売管理である。販売管理がしっかりとできていて、売上が上がって粗利がとれていなければ、財務管理もへチマもないからだ。

人によっては、会社にとって一番重要なのは財務管理、すなわち資金繰りだ、と言う向きもある。企業とはすべて資金の流れによって営まれているからだ、というのがその理由らしいが、私はどう考えても、それは違うと思う。

売上が一円もないのに、資金を操ってどうなるというのだろうか。いくら支払い期日を延ばしても、その間、利益が上がらなければ、一日ごとに金利負担が増えていくだけではないか。

もちろん、販売管理が確立している大きな会社なら、企業の動脈である資金の流れを司る財務管理が最上位にくることがあるかもしれないが、十分な売上が確保できていない中小の企業の場合には、操る前に資金がないのがふつうである。だから、中小企業にとって大事なのは、何と言っても販売なのだ。

中小企業は自転車操業である。よくてモーターバイク操業、もう少しよくてもオート三輪操業。四輪車、高級車、トラック操業にたとえられる大企業のような安定感など望むべくもない。ちょっと油断すると荒波に巻き込まれて潰れてしまうのが中小企業であり、とにかく売上を上げるということが大前提になる。だから、粗利がとれることが絶対条件。しかも現金回収であればなおいい。

②財務管理

販売管理の次に大切なのが財務管理である。もっとも、企業によっては労務管理がこれに入れ替わることもあるので一概には言えないが、ふつうは販売の次は財務、ということになろう。

その財務管理だが、単なる金の流れ、資金の流れの管理というのでは、単なる会計・経理にすぎない。会計とか経理といった狭い視野だけでは正しく財務を管理できないのは、言うまでもない。

販売活動を行なうと、資金の流れが生じる。その資金の流れがスムーズに運ぶように具体的に処理するのは会計・経理である。財務管理とは、その資金の流れを見ながら、

「ああ、これはどうも利益率が低すぎて、売上を上げても内部留保が残らないな。もうちょっと利益率の高いものに変えて、相手も絞るべきだ」

といった方向性を考えるもの。つまり、資金の流れ全体を会社の経営方針に照らし合わせながら、どこを切ってどこを増やすのかという視点に立ってはじめて財務管理と言えるわけだ。労務管理にしても販売管理にしても同じことだが、管理というのは、会社の方針、企業戦略と密接に結びつかない限り、有効なものとなり得ない。

財務管理は、お金のやり繰りだけを見ていてはできない。損益計算書と貸借対照表を読んで、全体を把握してはじめてできることである。

損益計算書には、毎月毎月が損か益か、儲かっているか儲かっていないかが記

載されている。金太郎飴のようにスパンと切ると、儲かってニコニコ笑っている顔や、利益が上がらず泣きそうになっている顔が出てくるのが損益計算書だ。

一方、貸借対照表では、まず流動資産がどれだけあるかということを見る。つまり、いますぐ現金に還元できる資産がどれだけあるかを見るのだが、それによって、いざというときにどれだけのお金を回せるかが判断できるわけだ。もちろん、流動資産が多ければ多いほど経営は安定する。

もっとも、流動資産だけあっても固定資産がなければ、企業体力がない、ということになる。つまり、経営者は全体のバランスを総合的に整えなければならないわけだ。

ところで、経営者の中には、バランスシートを読むのは苦手だと言う人も少なくない。『貸借対照表の読み方』だとか『バランスシートに強くなる法』といった本がロングセラーになっているのも、そんな経営者が多いからなのだろうが、バランスシートと言っても、それほど難しいものではない。私自身の体験から言っても、一日あればたいていマスターできる。とは言っても、本を読んで勉強するのは大変な手間がかかる。だいいち、経営者にはそんなヒマなどない。

では、どうしたらいいのかと言えば、顧問の税理士や会計士に質問すればいいのだ。税理士や会計士はそのために雇っているのである。

「先生、一度、バランスシートと損益計算書の読み方について、じっくり教えていただけないでしょうか」

と、ていねいにお願いすれば、喜んで教えてくれるはずである。だいたい専門職の人は、自分の知識を披露することに幸福を感じるものである。

「この最初に書いてある○○金って何ですか」

「それは、借方の勘定で……」

「では、こういう場合にはどう判断するんですか」

「そういう場合は、こういうことになりますね」

一つひとつの項目を順番に訊いていけば、簡単に理解できる。用語は何やら難しそうだが、要は自分の会社でやっていることが記載されているだけのことなのだから、内容は経営者が一番よく理解できるのだ。

ただし、これではまだバランスシートと損益計算書を読んだということにはならない。問題はここからである。

「今月の月次決算を見て、どう考えたらいいんですか。コンサルタントしてください」

「ここの費用はムダですから、削減するようにしてください」

「わかりました。どう削減したらいいんですか」

「それはわかりません」

「先生が顧問をなさっているほかの会社でも、似たようなケースがありますか」

「ええ、ありますね」

「その会社では、こんな場合、どういうふうにしておられますか」

「その会社ではですね、私の知っている限りでは……」

という具合に、実際に現場で遭遇している問題に則して、どう解決したらいいのかという知識を吸収すること、これが重要なのだ。そのためにはケーススタディが一番。いくつもの会社の決算を見ているベテランなら、いろいろな知識を持っているので、それを全部教えてもらったらいいだろう。

実際、この方法で私は一日でバランスシートの読み方をマスターした。それでもわからないところが出てきたらどうするか。電話して訊けばいいのだ。

「こんなことが書いてありますが、これはどういう意味ですか」

たいていのことは電話一本ですむ。

だから、財務管理に関しては、仕訳や表づくりができる事務員がいればそれで十分で、経営者は貸借対照表と損益計算書が読めればそれでいい。その程度のことなら一日あれば十分できる。それを、専門書なんか買い込んで、まじめに勉強しようなんて考えるから中途半端で終わってしまう。なまじ専門書なんかに取り組めば、かえってわけがわからなくなるのがオチである。理解できたとしても、それまでに一ヵ月も二ヵ月もかかるのがふつうだ。それではあまりにも時間がもったいない。

貸借対照表だの損益計算書だのといっても、何ら恐れることはない。問題が生じたらその都度、顧問の税理士、会計士に質問したらいいのだ。

バランスシートに限らず、不得意分野の克服なんて、いたって簡単。わからないことがあったら、その道の専門家、もしくは知識をいっぱい持っている人に素直に尋ねる。ただそれだけのことである。ゆめゆめ、専門書をたくさん買い込んで、体系的な知識を身につけようなんて考えてはいけない。そんなのは経営者のすることではない。専門家のすることである。

経営者に必要なのは、財務を管理する技術であって、専門的な知識ではない。経営の技術を磨くために最低限の知識だけは身につける。この姿勢を忘れないようにしたい。

③労務管理

その次の労務管理だが、これについても勘違いをしている人が少なくないようだ。

以前、私の関係するある会社で、こういうことがあった。責任者からの報告を聞く席でのことである。

「わが社の社員はみな頑張っております。社内は和気あいあいとしたムードに包まれており、従業員には何も問題はありません。売上が落ちて、赤字を計上してはおりますが、社員は一丸となっております」

これには思わず絶句してしまった。社員に結束がなくみんなの気持ちがバラバラ、というのよりはいいが、社員が一丸となっていることが尊いわけではない。

会社はサロンではないし、仕事は趣味や道楽とは違うのだ。

「一つだけ、小さな願いを聞いていただけますか。従業員がバラバラになっていても、いがみ合っていてもかまいません。そんなことより、とにかく売上を上げて、黒字にしてくれませんか」

このように、私は精一杯、皮肉を込めて意見を言った。

労務管理も大切なことではある。しかし、社員一丸となって頑張っていても、それを先に立てて、売上を上げることを忘れていては困るのである。とくに中小企業の場合は、とかく和気あいあいとした雰囲気を大切にするあまり、会社の目的である利潤の追求を忘れがちになるので、その点には十二分に注意したいものである。

それから、中小企業における労務管理のもう一つのポイントを上げるとすれば、ひたすら忍耐する、という点だろうか。「人を使うは苦を使う」と言うが、従業員は経営者が期待するほどには動いてくれないし、働いてくれないものである。とりわけ、たいして優秀でもないチグハグな人間が集まって、お互いの欠点をカバーしながら肩を寄せ合ってやっている中小企業の場合には、従業員に大きな期待はかけられない。期待すれば裏切られるのがふつうである。

だから、中小企業における労務管理の基本は、忍耐、寛容、諦めである、と考えたほうがいいのではないかと私は思う。昨日より今日、今日より明日、少しずつでも進歩発展していけばそれでよし、というくらいのおおらかな気持ちで従業員を見守り、育てていくことが大切ではないだろうか。諦めたところから人を生かし、おのれを生かす道が開けていくのだから。

ともかく、中小企業の経営者は絶対に従業員をあてにすることはできない。いや、してはならない。銭勘定がでたらめでも、最後を自分がビシッと締めればそれでいい。資金回収も一回目だけは任せて、あとは自分で行く。それくらいの忍耐と包容力、そして行動力がなければ、とても中小企業の経営者は務まらないのだ。

④資金調達

四番目の資金調達とは、要するに銀行対策である。

株を発行するか、あるいは経営者が自己資金を調達することで会社はスタートするが、売上を上げようとすれば同時に経費がかかり、どうしても資金がショートする。そこで銀行から短期借入金を借りることになるわけだが、そのとき必要になるのが銀行対策である。銀行対策を知らずして企業を経営しようというのは、カナヅチの人が海に飛び込むようなものである。

それくらい銀行対策は企業経営者にとって重要なテーマなのだが、私も当初、どうやって銀行とつき合っていいのか、なかなかわからなかった。何しろ、向こうは海千山千、百戦錬磨の猛者である。そんな相手に真っ正面から立ち向かっていったのだから、その都度、いいようにあしらわれたのも、当然と言えば当然であった。

私はつらつら思うのだが、銀行の建物があれほど美しいのは、中でやっている業務が業務だけに、外観だけでも美しく装わなくては、と思ってのことではあるまいか。そもそも銀行は、晴天の雨傘と一緒で、こっちが必要なときには貸さないで、要らないときに「どうぞ、どうぞ、借りてください」とやってくる。そして、貸したら貸したで、これは危ないなと思ったら、パッと掌を返したようによそよそしくなる。断りの名人なのだ。

それだけに、銀行に勤めている人は大変だろう。心ある人は銀行になんか絶対に勤めないのではないかと思える（いやいや、心ない人が銀行にいるという意味ではない）くらい、銀行業務は大変である。いわば、インテレクチャルなソフィスティケイト高利貸しなのだから。

しかし、銀行がどんなにむごいことをやっていようと、実際のところ、銀行を活用しないことには会社は動かない。だから、必要なときに銀行から資金を調達できる技術を身につけておかなければならないわけだが、では、どうやったら銀行からうまく資金を調達できるのか。

それには、日ごろからのつき合いが大切だ。たとえば、借りる必要がなくてもお金を借り、きちんと返していくというのも、一つの方法だろう。そうやって、返済実績をつくっていけば、いざというときに無担保でも短期資金を融資してもらえるはずだ。

もちろん、銀行には融資枠というものがあるから、そうそう多額の資金を借りることは難しい。しかし、おつき合いしている銀行が複数あって、無担保で借りられる少額の枠をいくつも持っていたら、担保を入れて借りるのと同じことになる。そのためにも、やはり銀行とは日ごろから上手におつき合いをしたいものである。

また、銀行から借り入れするときには通常、事業計画書と決算書を提出しなければならないわけだが、できるだけバラ色に輝く事業計画書、決算書をつくる、というのも大切なポイントになる。真っ正直に書いてもなかなか受け入れてもらえないからだ。もちろん、ウソはいけない。しかし、事実にもとづく誇張は許されるのだから、可能な限り、〝素晴らしい事業計画書〟〝輝かしい決算書〟を作成することも忘れてはならないだろう。

とはいえ、そんなことは銀行のほうも百も承知。実際には何パーセントか差し引きされて、融資してもらえるかどうかが決まるわけだが、素晴らしい事業計画書と決算書、また月中、月末の預金残高実績、そして返済実績をきちんと積み重ねていけば、海千山千の銀行にも信頼されるようになるに違いない。

⑤税金対策

そして最後の税金対策。これも経営者に求められる必要にして不可欠な技術である。

納めるべきものは納めるとして、いかに上手に、合理的に納めていくのか、これを考えるのが税金対策であるが、姑息な節税など考えず、払うべきものはきちんと払うほうがいい、というのが税金対策についての私の結論である。

税務署は、小手先のテクニックで何とかなるような相手ではない。経営者の考えそうな節税法をあらゆる角度から分析して、一つでもボロを発見すれば、徹底的に突っ込んでくるし、また、それだけの実力を持っているのが天下の税務署なのだ。だから、つまらないテクニックなど最初から考えないほうが賢明だ、というのが私の考えであるが、世間一般でもそう考えられているはずだ。

私はかねがね、税金を払うということは、それだけ利益が上がっているという証明だから喜ぶべきことだと思っていた。平たく言えば、税金を払っている会社をうらやましく思い、自分も税金を払えるような経営者になりたいと願っていたわけだが、実際に税金を払えるようになると、税金の負担に頭を抱えることもあった。

税務署から見れば、すべての企業は税金を払うためにあるのかもしれない。しかし、経営者には従業員とその家族を食べさせていく責任がある。それが十分にできたうえでたくさん税金を払えればそれに越したことはないのだが、実際のところ、税金はかなりの重圧であるのは間違いない。

たとえば、売れない在庫、いわゆるデッドストックを決算期を過ぎて持ち越していれば、それにも税金がかかる。したがって、デッドストックはとくに小売業にとって死活問題である。この場合、何とかして売り払えれば一番いいわけだが、ときには、商品を燃やし、それを写真に撮って税務署に見せるという荒技も必要になる。税金対策とはそれほど厳しいものなのだ。

いずれにしても、税金対策に関しては正攻法に勝る良策はない。もちろん、不正などはもってのほか。そんなところに力を注ぐくらいなら、少しでも売上を上げる努力をすること、これが大切だ。

もう一つ、税金対策で大切なポイントを挙げると、税理士や会計士を信頼しすぎないこと、ということになろう。

税理士、会計士は最初からあてにしない。弁護士はもっとあてにしない――これは私の持論である。なぜか。そう考えないと、何でもかんでも税理士、会計士、弁護士の言うことを聞くようになってしまうからだ。

弁護士の言うとおりに裁判をして負けた場合、弁護士が責任を取ってくれるだろうか。そんなことは決してない。「残念でしたねえ」で終わりである。税理士の言うとおりにやって、考えていた以上に税金を取られた場合、責任を取ってくれる税理士がいるだろうか。いるわけがない。

「税理士さん、あなたの言ったとおりにやったら、こんなに税金を取られましたよ」

「いやあ、私の力不足でした。申しわけない」

で終わりである。

本当に申しわけないと思うなら、余計に持っていかれた分だけでも税理士費用を返したらよさそうなものだが、そんな話、いまだかつて一度も聞いたことがない。おそらく、日本中どこを探してもそんな税理士は一人もいないだろう。ましてや会社が倒産した場合に、責任の一端でも取ろうとする税理士、会計士、弁護士なんているわけがない。

会社の責任はあくまでも経営者にある。だから、顧問税理士、顧問会計士、顧問弁護士をあてにしてはならない、というのが私の持論なのだ。助言やアドバイスをヒントにすることはあっても、あくまでもヒントにするだけで、全面的に信頼してはならない。そういうふうに、私はいまでも考えている。

では、あてにしないでどうするか。それはもう自分でやるしかない。経営者自身が税金について責任を持ってやっていくほかない。それには当然、知識が必要だが、その知識は先にも述べたように、顧問の税理士、会計士から吸収する。問題が生じるたびに質問・吸収を繰り返して、最終的には税理士や会計士に負けないくらいの知識を身につける。それくらいの気構えがなければ経営者として伸びないのではないか。

経営者と税理士や会計士の関係は、監督とコーチの関係みたいなものだ。監督は投手コーチに各投手の出来を聞き、それを参考にして投手起用を決めるが、自チームの投手陣全体のコンディションを把握することなくコーチの言うことに耳を貸したところで、いい結果は得られない。また、ピッチングという技術についてまったく無知であるようでは監督は務まらない。かと言って、ごく細部の投球術や、一人ひとりの投手の出来具合にまで精通していなければならない、というわけでもない。

監督（経営者）は、ごく大まかに現況を把握したうえで、細部の技術、情報をコーチ（税理士、会計士）に聞き、最終的な決断を下すべきである。

オリックス・ブルーウェーブに見る成功の極意

以上、大きく分けて五つの原則。これが経営者がやらなくてはならない仕事であり、五つのことをバランスよく一意専心する責務が経営者にはある、と言えるだろう。

意識が販売ばかりに偏ってはいけないし、労務だけでも財務だけでもいけない。資金調達がいくらうまくても、売上が上がらないのでは当然だめ。税金問題だけ詳しくてもやはりだめである。また、文科系人間は販売と労務、理科系人間は財務と資金という傾向があるが、それらを分離できるものでもない。意識が五つ全部に行き渡っていなくてはならないのだ。

とにかくバランスが大事なのだが、あえて順番をつければ、これまで述べてきたとおり、やはり販売管理が一番上にくる。とくに中小企業の場合、販売さえうまくいっていれば、あとの四つに多少問題があってもほとんど問題はない。その実例がプロ野球球団のオリックス・ブルーウェーブである。

ご存じのように、オリックスの前身は阪急ブレーブスである。兵庫県・西宮球場を本拠地にする阪急ブレーブスと言えば、実力・人気ともにパッとしない、パ・リーグのお荷物球団と酷評されつづけてきたチームである。それが、闘将・西本幸雄が監督に就任したころからメキメキ実力をつけ、何度か日本シリーズを争うまでにチーム力がアップ。それとともに人気も高まるかに見えたが、相も変わらぬ低人気。しかも、折からのサッカー人気でますますファン離れに拍車がかかり、昭和六十三年、とうとう阪急電鉄が球団を手放した。

その不人気球団の買収に乗り出したのがオリックスである。あんな不人気球団を買い取ったところで経営的に成り立つのか。そんな声があちこちから上がったのは記憶に新しいところだが、ところがどっこい、フタを開けたら予想外の大人気。オリックス・ブルーウェーブと球団名を変えたとたんに大ブレークしたのだ。

だから、人気というものはわからない。いや、わからなくはない。大ブレークにはちゃんとした理由があるのだ。

そう、イチローがその理由である。あのイチローが颯爽と登場したことで、オリックス・ブルーウェーブはパ・リーグを代表するほどの人気球団になったのだ。イチローが貢献したのは、それだけではない。若者の足がサッカー場から野球場にUターンしたのも、イチロー抜きには語れないだろう。まさにイチローさまさま。これを人々は「イチロー効果」と呼んだ。

何しろイチローは、一年間に二一〇本もヒットを打つという、前人未到の記録を打ち立てたのだ。それまでの日本記録が一七〇本か一八〇本くらいだったのだから、これはもうダントツに凄い記録である。打率も、夢の四割打者が実現するかしないか、というところまでいった。言うならば、若冠二十歳か二十一歳の若者が不可能を可能にした、という図式である。

そのうえ、四冠王を狙うかどうかという大実力者であるにもかかわらず、驕ることのない人柄であるという。ファンサービスもしっかりするし、性格的にも謙虚で素朴。狭い寮住まいでありながら、贅沢なことも言わないという、大変な人気者である。

そのイチローが、しばらく前、日産のコマーシャルに出た。

「イチロ、ニッサン」

というコピーをたずさえてのＣＭ出演である。とたんに国内販売台数でトヨタが日産に抜かれた。瞬間的であれ、トヨタが日産の後塵を拝するとは、驚異的ですらある。これもイチロー効果である。

さらに、優勝が決まったあとの消化試合にもイチロー効果があらわれた。ふつうは、消化試合など見向きもされないものである。ところが、イチローが出るというだけで、消化試合に観客がどっと押し寄せるようになったのだから、イチローがプロ野球に革命を起こしたと言っても過言ではないだろう。ちなみに、消化試合にファンが詰めかけたのは、パリーグの歴史はじまって以来の現象であるという。

パリーグの各球団も、それまで八〇〇〇人か一万人程度しか入らなかったのが、オリックス戦になると観客動員数が跳ね上がって三万、四万と入るものだから大喜びである。近鉄や日本ハムのホームゲームであっても、イチローが見たいからとイチローファンが押しかける。オリックスと対戦する相手のところでさえそうなのだから、オリックスの球場はもう大繁盛である。

サッカー人気に押されてプロ野球人気が下火になりかけたところにイチローが出現したおかげで、日産は売れる、球場にはどんどん人が来る。これをイチロー効果と呼んで、イチローのおかげだと世間では言うわけだ。

たしかにそのとおりである。そのとおりではあるのだが、そのイチローを二軍から抜擢し、イチローという変わった名前をつけた人物を忘れてはいけない。その人物こそ誰あろう、仰木彬監督その人である。仰木監督が本名・鈴木一朗をカタカナで「イチロー」としたのだ。

もちろん、イチローというスターがいたからこそのオリックス人気、オリックスの優勝ではあるが、イチローという選手が登場してくるまでの背景は、みな仰木監督がつくっているのだ。

この仰木監督のやり方に、われわれは注目しなくてはいけない。いわゆる「仰木マジック」には、経営者、マネジメントを勉強する人間にとって、大変大きなヒントが含まれているからである。

イチローとトマト銀行

仰木監督のどこがすごいのかと言うと、何といってもまず、鈴木一朗という登録選手名をカタカナの「イチロー」にしたというところであろう。

オフィシャルネーム「イチロー」――人口に膾炙したいまこそ、誰もが愛着をもって受け入れてはいるが、初めて「イチロー」という名前に接したときには、誰もが小さからぬ違和感を感じたものである。実際、ファンをナメきった名前なんかつけるな、といった批判もあった。それでもあえて「イチロー」にしたのは、仰木監督に先見の明が具わっていたからにほかならない。

これと似たようなことが、銀行業界にもあった。

トマト銀行の出現である。

元の銀行名など思い出すことすらできない。周りに聞いてもわからない。調べてみると、山陽相互銀行という名前だったそうだ。中国人なら親しみを感じるかもしれないが、漢字がどろどろどろっと並んだ、預ける気持ちなんかなくなってしまいそうなダサい銀行名である。

その山陽相互銀行の頭取が決断した。

「これじゃアピールしないから、社名を変更しよう」

「ええ？」

「トマト銀行はどうだろうか」

「そんな……。うちは農協じゃないんですけど」

みんな猛反対。行員の八割が反対したという。しかし、頭取は考えたあげく、

「口座数を増やすためには、やはりトマト銀行がいい。トマト銀行に変えよう」

ということで決断し、思い切って社名変更した。カードも通帳もトマトのマークだ。とたんに、

「トマト銀行だって。かわいーっ。預金して通帳をつくろーっと！」

と、若い女の子が銀行に押しかけた。

最近の女の子には、「美しい」だとか「品がある」「見事」「厳か」「趣がある」「優雅だ」「お洒落」なんて形容詞はない。たった一つ、「かわいーっ」。全部これで通じてしまう。イチローが球場に現れたら「かわいーっ」。犬を見たら「かわいーっ」。猫が歩いていても「かわいーっ」。魚を釣ったら「かわいーっ」。女の

子に対しても「かわいーっ」、男の子に対しても「かわいーっ」。ピアノを見ても「カワイーっ」。「これ、ヤマハですけど」なんて言ってやりたくなるが、とにかく何でも「かわいーっ」だけで、表現のバリエーションがない。

ま、批判はともかく、女の子は「かわいーっ」の一言で「いい」「素晴らしい」「美しい」「品がある」「見事」「厳か」「趣がある」「優雅だ」「お洒落」を意味してしまうらしい。

そして、とにかくもう「トマト銀行？　かわいーっ」と、みんながトマト銀行へ殺到、口座の数がドーッと数倍に上がった。その上がり方が凄いものだから、どこかで意識したのだろうか、今度は太陽神戸三井銀行が「さくら銀行」（現・三井住友銀行）に改称した。

さくら銀行……私に言わせれば、ダサいネーミングである。まるで警視庁御用達の銀行のようだ。私だったら、トマト銀行の向こうを張って、絶対に「カボチャ銀行」にする。「カボチャ銀行」なら、女の子が「かわいーっ。ダサっぽくて、かわいーっ」と喜んで預金するだろう。

さくら銀行ではきれいすぎるのだ。いかにも、ああいう大きな会社の、年をとったマネージャーの考えそうな名前である。さくら銀行よりトマト銀行のほうが、ずっとかわいらしさ、親しみやすさがある。

トマト銀行の子会社はプチトマト銀行がいい。さらにその関連会社はトマトサラダ銀行なんてやったら喜ばれるだろう。銀行はたくさんあるのだから、少しでも名前を覚えてもらうこと、客にアピールすることが大切なのだ。

銀行というのは、言わば高利貸しである。だからこそ、銀行の建物と制服だけはいつもきれいなのだが、基本的には地味な業種である。そこにユニークな頭取がいて、トマト銀行なんて「かわいーっ」っていうのをつくったから、どっと口座が増えたのだ。お年寄りの客は増えなかったかもしれないけれど、若年層の客は急激に増加した。どこへ預けても大して変わらなければ、「このカード、楽しいじゃないの」と言って預けるのが、若い子の行動様式なのだ。

ともかく、さくら銀行では一ひねりも二ひねりも足りない。トマト銀行の頭取の圧倒的な勝利である。

これは表現力、アピール力の差である。

われわれの講演会にも招いたことのあるアルビン・トフラーさんの方法で考え

れば、「第一の波」とは銀行業務そのもの。「第二の波」は、それを効率化して、いかにすれば利益率が上がるのかという、いわば住友銀行（当時）のやり方。そして「第三の波」はまさにトマト銀行である。

「トマト銀行って、かわいーっ」というのは、銀行としての業務努力とはまったく関係ない。それでも、名前をトマト銀行にしただけで、ドドドーッと預金量が増えた。支店のない遠方からも、トマトマークの通帳ほしさに、「口座を開きたいのですが……」という電話が殺到したという。

これはやはり「第三の波」的な発想、情報の革命である。それが可能だったのも、「第三の波」的な発想のできる頭取、経営者がいたからである。

販売の強いところが勝ち残る

そのことは、じつはオリックスにもあてはまる。

野球で言えば、勝てるチームづくりをするのが「第一の波」。Bクラスのチームなら、まずは脱Bクラスをめざし、Aクラスになったら、今度は優勝できるだけの力を持ったチームをつくろうとする。それが「第一の波」である。

そして「第二の波」。今度は、川上哲治監督のような合理性の追求、効率化の追求である。合理的な投手起用、合理的な代打起用をし、乱数表をつくったり、いろいろな統計をとったりしてチーム運営の合理化・効率化を図る。

ここまではどんな監督でも考えること。ところが、仰木監督（オリックス）という人は、「第二の波」ではなく、「第三の波」的発想をした。言わば情報革命派の発想であり、仰木監督とは宣伝広告マンのような監督なのだ。

これはどういうことなのかを、これから説明しよう。

経済の世界にはさまざまな業種があり、それぞれの業種の中で複数の企業が互いに競争をしている。その競争は、一見すると複雑怪奇に見える。ところがそこには、一定の法則があるのだ。

たとえばトヨタと日産が競争をすれば、必ずトヨタが勝つ。セイコーとシチズンが競争をすれば必ずセイコーが勝つ。集英社とマガジンハウスと小学館がやれば、必ず集英社が勝つといわれたことがある。なぜなのか。

トヨタにはかつて、神谷正太郎という〝販売の神様〟といわれる人がいて、集約深耕というトヨタのセールスのあり方をつくった。つまりトヨタという会社はそもそも「販売のトヨタ」なのである。その後、カンバン方式という在庫を持たない生産ノウハウも確立、企業効率を追求して業界一位の座を守ってきたわけだ。

日産にイチローが登場して、国内販売台数で日産に追い越されはしたが、一時的なもので終わった。本来、トヨタの勝利は販売力の勝利なのであって、技術力ではない。「技術の日産」と「販売のトヨタ」が競争すれば、必ず販売のトヨタが勝ってきたのだ。これは冒頭に書いた「第一番目は販売管理」という大原則を、別の角度から裏付けているものと言える。

時計業界でも事情は同じだ。トップを争っているのはセイコーとシチズンだが、この両社にも大きな違いがある。セイコーの場合、上場している服部セイコーというのは、じつは販売会社。諏訪セイコーや塩尻セイコーという製造部門の会社は上場していないのだ。つまり、販売のセイコーである。

これに対してシチズン勢力はどうかと言うと、上場しているシチズン時計というのは、田無に工場のある製造部門であり、販売会社・シチズン商事というのは上場していない。つまり、技術のシチズンである。

販売のセイコーと技術のシチズン。この両社の競争では、必ず販売のセイコーが勝ってきた。

それから出版社。昔は『平凡パンチ』『週刊平凡』を出した平凡出版（現マガジンハウス）が、絶えず斬新な企画を出して出版界をリードしていた。編集主体の、いわば技術の平凡出版である。それを真似して『プレイボーイ』を出したのは集英社だが、集英社は、販売の集英社である。

この両社の競争でも、必ず集英社が勝ってきた。あの『少年ジャンプ』も集英社である。私の小さいころは『少年マガジン』『少年サンデー』というのが双璧で、その後『少年チャンピオン』や『少年キング』が出てきた。『少年ジャンプ』は最後発である。にもかかわらず、抜群の人気を誇ったのはなぜか。絶えず顧客のニーズを聞いて、人気のないものはすぐに変えてしまうくらい、販売を主に考えてつくるからである。

販売を主にしたところが必ず一番になっているわけだ。「ぼくはこれをつくりたい」というものをつくるのではなく、客が「欲しい」というものをつくる。編集だの技術だのを前提にしたら、決して一番にはなれないのだ。

では、オリックスはどうか。私の目から見たら、とにかくもう販売しかないんだという球団である。

それを端的に表わしているのが、まず何といっても「イチロー」のネーミングである。日本で一番多い姓は鈴木であり、その鈴木に名前が一朗。鈴木一朗なんて言ったら、大和銀行の大和太郎だとか、三和銀行の三和一朗といったような名前である。類型的典型的な、どこにでもある名前では観客にアピールできない。

そこで、

「カタカナでイチローというのはどうだろうか。声援しやすいし、きっとアピールするはずだ」

と、仰木監督が切り出したのだが、そのとき、イチロー本人は非常に不服だったらしい。カタカナの登録名も前代未聞。そのうえ、本人までも不服ときてはなかなか踏み切れないものだが、そこを半ば無理やりに押し通したのだから、やはり仰木監督はそんじょそこらの監督とは違う。

もう一つ、仰木監督がつけたユニークな登録名がある。「パンチ佐藤」がそれだ。ボクシングの選手かと思うような、ふざけたと言えばふざけた名前だ。だが、そのふざけた名前がこれまたアピールしたのだ。

「パンチ佐藤にイチロー？　どんなヤツだろう。一回見に行こう」

というファンが球場に殺到したのである。

鈴木一朗なんて客にアピールしない。本人が反対したって、客にアピールするならイチローでいい。名前が先行して実力が伴わないと「パンチがないねえ」なんて皮肉られるかもしれないが、実力はあとから伴うように努力したらいい。そう仰木監督は考えたに違いない。

既成概念にとらわれず、

「みんなが喜んでくれるなら、それでいいじゃないの」

と言う仰木監督。そんな監督はこれまでいなかった。野球監督と言えば、管理野球の川上監督と森監督、それに直感の長嶋監督。自由放任の横浜・権藤監督といったところが名乗りを上げていたが、長嶋監督の直感野球は別として、管理野球にしても放任野球にしても、「第一の波」かせいぜい「第二の波」。「第三の波」的な発想で、固定概念にとらわれず、前代未聞の名前をつけた仰木監督とは、経営的資質においてやはり、根本的に違う。

仰木監督のような柔軟な発想こそが、マネジメントする人間に一番重要な資質なのである。

宣伝マンとしての仰木監督の能力

しかし、もっと注目したいのは仰木監督の言った、

「私は宣伝広告塔」

という言葉である。たしかに、仰木監督は希代の宣伝広告マンであるかもしれない。イチローという名前にしろ、パンチ佐藤という名前にしろ、観客が感動するように、喜ぶようにという、宣伝広告マンとしての自覚がなければ、思い浮かぶような名前ではない。また、九十六年のオールスターではイチローを投手で起用したりもしたが、これもやはり、宣伝広告面から見て観客の喜ぶ面白い野球をしようという、仰木監督のサービス精神から発想されたものであった。

しかも、打つ手打つ手がことごとく当たり、客足が途絶えないのだから、宣伝広告マンとしての仰木監督の能力は恐ろしいばかりである。

もちろん仰木監督が能力を遺憾なく発揮できるのも、イチローという大スターがいればこその話ではあるが、イチローの素質をいち早く見抜き、二軍から一軍へ抜擢したのは仰木監督である。イチロー自身も、仰木監督がいたからこそ自分もこれだけの力が出せたんだ、と言っているとおり、あの変てこりんな振り子打法を、

「本人がいいというなら、あれでいいんじゃないの。直すことはない」

と認めたのも仰木監督である。

それまで、どんなに打っても頑として振り子打法を認めようとしない土井二軍監督の下で不遇をかこっていたイチロー。そのイチローが、一躍トップスターの座に就くことができたのも、すべては仰木監督のおかげであると言っても決してオーバーではないだろう。もし、仰木監督という名伯楽との出会いがなかったら、今日のイチローはなかったに違いない。イチロー登場のための舞台づくりから演出まで、全部を手配したのが仰木監督だったのだから。

それだけのことができたのも、自分自身を「宣伝広告塔」と位置づけていたからにほかならない。だからこそ、振り子打法という従来の野球理論にはない変て

こりんな打法を素直に認めることができたのだ。もし、経営的なセンス、宣伝マンとしての自覚のない、土井二軍監督のような過去の理論にこだわる人だったら、打撃フォームをさんざんいじくったあげく、ついには選手生命を絶つような事態を招いていたかもしれない。

聞くところによれば、振り子打法は従来の打撃理論ではまったく理解できない、常識はずれの打撃フォームであるという。そして、土井二軍監督ならずとも、コーチの肩書のつく人なら誰でも矯正したくなるほどの、摩訶不思議な打法なのだということである。それを、仰木監督はそのまま認めた。「結果が出ているんだから、直すことはない」と。

そのへんの話を聞くにつけ、仰木監督のすごさを思わないわけにはいかない。やはり、仰木監督あってのイチローであって、イチローあっての仰木監督ではない。仰木監督の経営的センス、宣伝広告塔としての自覚がイチローを育て、オリックスの人気を盛り上げたのである。

仰木監督は当時、自ら宣伝広告塔になって、どこへ行っても宣伝に努めた。かつての川上監督にしても森監督にしても、ダイエーの王監督にしても、あるいは野村阪神監督にしても、いつも渋い顔をしているかボヤいているかで、およそ宣伝広告塔たり得ない。唯一、「いやあ、どうもどうも。いわゆる一つのー」なんていうキャラクターの長嶋監督だけが、広告的な要素を具えている程度だ。

それに対して、仰木監督はもう徹底して宣伝広告塔。無論、勝つための合理的な管理方法も研究しているからこそ、総合力を発揮して勝てているのだろうが、イチローという名前にせよ、振り子打法にせよ、仰木監督には何かしら合理性を生かすための不合理な遊びを感じる。それも、宣伝広告、セールス、販売ということが前提になった遊び。仰木監督には、観客サービスという点からものごとを考える柔軟な発想が、プラスαであるのだ。

振り子打法をはじめとしたオリックスの運営方法には、宣伝広告、セールスという面、つまり客に喜んでもらう、客にアピールするという方針が強く存在する。その結果、「オリックスの試合は面白い」と観客が球場に行く。観客がワーッと来るから球団も潤ってくる。イチローも乗ってくる。

「イチロー効果」という言葉をつくったのが誰かはわからないけれども、マスコミの人間にそう言わしめるのは、やはり売り方がうまいからである。

社員全員が宣伝広告塔

宣伝広告のオリックスが人気があって強いと言われたこともあったが、それは天の教えであり、そこには、やはりつねづね私が言っている普遍の法則、販売を主とした会社が伸びるという結論があると思う。

不合理な遊びの精神で、野球界の一つの常識を崩したオリックス。そこから学びとれるのは、合理性の追求と不合理な遊びがあってはじめて企業経営は成功する、ということである。この点に照らし合わせて、特に中小企業のオーナーやマネージャーが考えなくてはならないのは、必要以上に管理管理と言わないこと。社員の教育だとか管理だとか、はたまた効率的な運営だとか、そんなことは考えず、とにかく売って売って売りまくる。それを主に考えて、そのために合理性を追求し、そしてときには変なこと、不合理なこともやってみる。成功するかどうかわからなくても、いくつかやってみたら、一つか二つはヒットが出る。それを教えているのがほかならぬオリックスの方式であり、特に中小企業は見習う必要があるのではないだろうか。

そのためには、会社のオーナー、あるいはマネージャーは、次のように考える必要があるだろう。

社長とは宣伝広告塔にして営業マンのトップである。

経理部長とは宣伝広告塔にして営業マンの真ん中である。

受付とは宣伝広告塔にして営業マンの手伝いである。

総務とは宣伝広告塔にして営業マンの応援団である。

営業マンとは宣伝広告塔にして営業マンの御本家である。

と。

要するに、社長も重役も経理も総務も受付も、みんな宣伝広告塔であると考えるのだ。そして、

「わが社が最高だ！　最高だ！」

と、全社員が固く信じて言いつづける。そこに成功の秘訣があるはずだ。

あまたある競合他社、浮気な客……現代の経営環境は非常に厳しい。逆に言えば、表現力にすぐれた会社が勝つ時代でもある。

もう一回確認しよう。

社長も総務も経理もみんな宣伝広告塔である。とにかく販売を主に考えて、そこから合理性を追求し、不合理な面白いこともやってみて、創造性を高める。それが、企業を成功に導くビジネス・アンド・クリエイティビティなのである。

第二章　中小企業を発展させる攻めと守りの極意

どん底景気から始めた時計会社

第一章では、中小企業の経営に必要な要素を、五つの管理という視点から概観してみた。いわば総論を語ってみたわけだ。それを受けてこの章では、私の体験を踏まえながらもう一歩踏み込んだ、より具体的で実践的な中小企業経営のノウハウを語ってみたい。

私はいま現在、予備校の経営に携わっているほか、時計の会社をやっている。今年で設立三十数年ほどになるその会社は、自慢するわけではないが、業界でも有数の会社に育ってきた。しかし、設立した三十数年前はどうだったかと言えば、時計は典型的な斜陽産業の一つに数えられていて、三割、四割は当たり前、五割、六割、七割引きでもなかなか売れず、時計ショップがバタバタと潰れるという、経営環境としてはこれ以上はないというほどの最悪の時代。そんなときに、私は時計会社を始めたのだ。

この会社で扱う商品は、セイコーやシチズンがやらない時計。つまり、まともな時計以外のあらゆる時計である。恐ろしく大きな時計、ひどく小さな時計、歪いわゆる時計など、反対周りだったりたりする時計など、いわゆるファッション時計と呼ばれるもの。何年か前に、ブームになったこともあるので、ファッション時計と言えば、だいたいどんな時計かおわかりになると思う。

なぜ、ふつうの時計ではなくファッション時計だったのか。まともな時計は、セイコー一社でも年間一億個ぐらいつくっているから、設立したての会社が入り込むのは難しいと判断してのことである。実際、セイコーにしてもシチズンにしても、私が会社を設立した当初は、ファッション時計などには目もくれていなかった。

ところが、もう二十年以上も前になろうか、急激な円高のため、時計の輸出がまったくだめになった。天下のセイコーでさえ輸出が大不振で、年間一億個ぐらい売っていたのが、前年比九十五パーセント減。つまり九五〇〇万個が売れ残るという、大変な危機が時計業界を覆ったのだ。そのときセイコーは、エプソンをはじめとする関連会社で減収分を補ったらしいが、驚いたことに、私たち中小の分野にまでも、彼らは恥も外聞もなく入り込んできた。

さて、どうしたものか。

彼らとまともに勝負をした日には、私のところのようなちっぽけな会社など、アッと言う間に潰されるのははっきりしている。

さんざん考えた挙句、私は、汗と涙と努力と呼び込みで直接売るしかないと判断し、バーゲンに活路を開こうと考えた。そのためには、私自身、バーゲンの先頭に立つしかない。予備校で学苑長として教育論をぶったあと、すぐに新宿へ行って「いらっしゃいませ、いらっしゃいませ」と時計を売る毎日だった。

外国人の多い銀座で呼び込みをするときには、英語でやっていた。それも、アジア人にはアジアなまりの英語で、ドイツ人ならドイツなまり、フランス人にはフランスなまりの英語だ。それこそ、千変万化の呼び込み法を開発して頑張った。

マーケットは限りなく広くて大きい

そうした試練を乗り越えて、わが社はいま、業界でも有数の会社になったのだが、先にも述べたように、当時は、時計なんか見込みゼロ、時計業界はもうだめだと指摘されていた。コンサルタント会社で聞いてもそう言うし、新聞にもそう書いてある。証券会社、銀行でもそう聞いたものだ。

それは時計だけではなかった。おもちゃ産業もだめだということだったし、ファッション産業も繊維産業もまるで見込みがないと言われていた。「繊維冬の時代」だとか「斜陽産業」だとか、さんざんに言われたものだ。

ところが、私には不思議でならなかった。冬の時代と言われていた繊維産業の中で、神戸のワールドはそのときでも、五十億円もの利益を出していたのだ。冬の時代、斜陽産業と呼ばれながら、利益五十億である。つまり経営者次第で、やりようによっては、斜陽産業でも十分に成功することの証明である。

新聞、雑誌、業界、コンサルタントは、これからの業界はこうだ！　なんてことを平気で言う。たしかにそうかもしれないし、大企業だったらそう考えたらいいだろう。それだけの社員を食わせていかなくてはならないし、月々の莫大な固定費、管理費を払わなくてはならないのだから。しかし、中小企業は違う。

たとえば、円高で輸出が大打撃を受けたとき、マスコミはこぞって、もはや時計業界は風前の灯であるかのごとく書き立てた。当然、業界もそういうものなんだと暗いムードに包まれ、セイコーやシチズンの社員までもが「もうだめだ」と

言いはじめた。そんな雰囲気を察知したわが社の社員も、

「もうこれからは時計の時代ではないと思います。何かほかのことをやったほうがいいのではないですか」

というようなことを言いはじめた。冗談ではない。私は即座に活を入れた。

「君ねえ、セイコー社が一億個つくって九五〇〇万個売れ残って大変な危機に直面しているというが、わが社の従業員は一体、何人なんだ！　四人か五人だろう。その四、五人の人間が月々食っていくには、いくら売り上げたらいいんだね。一〇〇〇万か二〇〇〇万か、多くても三〇〇〇万だろう。それだけあれば大丈夫だ。月々の家賃と給料が払えるだけの売上があれば、十分にやっていける。わずか数名の小さな会社がやっていくだけの時計ぐらい、どんなに不況でも絶対に売れる。二度とつまらないことを言うんじゃない！」

マーケットは限りなく広いのだ。たとえば、アデランスというカツラがあるが、あのカツラをつけている人がみなさんの周りに何人いるだろうか。初めの頃はゼロか、多くて一人か二人といったところだろう。また、テレビのＣＭで有名になったアート引越センターという会社があるが、あの運送会社を利用したという人

が、近所にいるだろうか。やはりゼロか、多くて一人か二人だっただろう。

しかし、アデランスにしてもアート引越センターにしても、優良企業である。なぜか。彼らが相手にしているマーケットは、海のように広いからだ。実際、日本には一億人以上の人がいる。それだけの需要がある限り、どんなにマスコミが騒ごうが、いっさい問題ではない。

私に言わせれば、先の社員は単に時計を扱うことに飽きただけなのだ。これには注意しなくてはならない。一つの仕事を七年か八年もやれば、必ず社員は飽きてくる。経営者自身も飽きてくる。飽きてくると、もうこの業界はだめじゃないのかな、という気になってくるのだ。すると、これからは建築の時代だとか、マルチメディアの時代だとか、いろんなことを言いはじめる。

これは大会社の経営陣が言うせりふである。中小企業の社長は絶対にそんなことに耳を貸してはいけない。では、どういうふうに言えばいいか。

「君、それは大会社の話なんだ。あれだけ大きな固定費を払うには、それに見合う大きなマーケットと売上が必要だろう。だからそう言うんだ。われわれの会社はどうなんだ。たった十数人の給料と家賃を払って利益が出たらいいんだろう。

業界うんぬんじゃない。会社というものは月々利益が出て、年間締めて黒字だったらいいんだ。それぐらいの需要は無尽蔵にあるぞ」

現実に、日本人はみな時計をつけている。しかも、香港の工場から直輸入して、バーゲンで直売したら、利ざやが二クッションも三クッションも抜ける。円高になれば、また粗利が上がる。

参入当初、急成長したのはすべて輸出業者だった。ところが、円高のために次々と倒産していく。それを見て私は、輸出は危険だと感じ、輸入専門にした。国内でさばくルートを地道につくって成功し、その後の円高で、ますます粗利が上がってきた。予見が的中したわけだ。

まあ、直感が当たったわけだが、数少ない社員が月々食べていけて、年間締めてみて利益が出て、配当ができて、ボーナスをふつうの会社より少し多めに出すぐらいの需要というのは、この日本にはいくらでもある。五人や一〇人の社員なら、時代がどう進もうが関係ない。業界がどうあろうと関係ない。社員が一〇〇〇人近くいたら少しは考えもするが、少ない社員だったら何一つ考える必要なんかない。中小企業は強いのだ。

日本なら何をやっても食っていける

テレビも新聞も、日本経済の見通しはどうのこうのと言っている。それを聞いて、不安になったり安心したりする経営者がいるが、そんなのは大企業の経営者に任せておけばいい。大企業の経営者なら、経済見通しを見て、利益とかマーケットをどうするか、考えることもあるだろう。しかし、私たち中小企業の経営者は、そんな経済予測なんかまったく気にしないでいい。何となく、少しずつ、ヤバそうな雰囲気だなということだけがわかったら、それで十分である。中小・零細企業のマーケットは無尽蔵なのだ。

従業員五、六人から一〇人、多くても何十人かの企業、つまり中小・零細企業は、何をやったって食うことができる。小回りのきくサイズなのだ。突飛な話だと叱られそうだが、ちょっと例を挙げてみよう。

食えなくなったら、まず、廃品回収業がある。これが一〇人くらいは十二分に食える。

それから、従業員みんなで釣りに行くのもいい。必死の思いでヒラメだの鯛だのを釣って、大阪かどこかの日本料理店に持っていく。

「あの、鯛、釣ってきたんですけども、買っていただけませんか。本日限り、現品限りで、〇万円でけっこうです」

それを続けても、何とかやっていける。

いずれにせよ、たかだか五、六人の社員である。みんなの気持ちが一丸となっていたら、何をやっても大丈夫、生きていける。世界に冠たるこの日本だ。何でもいい、何かやったら生きていける。

人は石垣、人は城

日本では3Kをやったら大丈夫。危険、汚い、きついのが3Kであるが、誰もやりたがらないから確実に儲かる。危険、汚い、きついということに社会的な意義と人生の意義、そして使命感を持って取り組んだら、会社は絶対成功する。行き詰まったら3Kをやったらいい。

ただしそれには、社長のことが好きで、社長と一緒に仕事をするんなら、どんな仕事をしてもいいという従業員が必要だ。

「今月は給料がこれしか出ないけど、私も辛抱しているから頑張ろう」

「いいすよ。頑張りますよ」

と言える社員。もちろん、社長がぜいたくをしていては話にならないが、そこまで社長と志を同じくする社員がいれば、会社は磐石である。松下電器でもどこでも、創業のころはみんなそうやって頑張ってきたのだ。

社長と社員の関係がそうなるかならないか、これは社長の愛情、やさしさ、人望、魅力で決まる。中小企業の社員は、そうした温かい人間関係で会社に居ついているはずだ。厚生施設もない、昇給率も悪い。でも社長と一緒に仕事をするのが楽しい。面白い。だから居つくというのが、中小企業の従業員だと思う。

だから、抽象的なことはどうでもいい。いかに客を増やすか、いかに製品を売り込んでいくのか、どうやって来月の売上を上げるのか、いかに従業員の心をつかむのか、ということに命を燃やすほうが、中小企業の社長にふさわしい。

マスコミに惑わされるな

先ほど、仕事に飽きると書いたが、じつは、飽きるのは社員だけではない。経営者だって、やはり飽きる。自分が飽きていることを自覚したうえで、いかに事業を維持し、同時に新しいものを模索していくのか。これも中小企業の経営者に課せられた重要なテーマと言えるだろう。

創業当初こそ赤字が続いた私の会社も、五年目からグーッとみんなで頑張って黒字に転換してきた。その結果、いまでは取引銀行の特Aの評価をもらうまでになった。

ある日、高島屋から電話が入った。

「ぜひ、お願いしたいことがあるんですけれど……。アクセサリー売り場に入っていた業者が倒産しまして。いろいろ調べた結果、お宅が一番、財務内容がきちんとしていますので」

ついては、高島屋へ入ってくれないかという話であった。高島屋としては、潰れる心配のない、安心できる会社を入れたいんだと言うのだ。要するに、ライバルが次々と潰れていく中で、最後まで粘り強く、しぶとく頑張っているのは、私たちだったのである。同じような顛末で、神戸大丸、岡山の岩田屋にも入ることができた。そこで私は、社員に言った。

「かつて君たちは、もうこれからは時計の時代じゃない、と言っていたが、今日、大きなところに入ることができたのも、あのとき頑張ったおかげじゃないか。セイコーやシチズンに一万本、二万本単位でOEMしているのも、頑張ったからこそではないか」

　大きなビジネスチャンスが巡ってきたときには、パッと業種転換するのもいいかもしれない。しかし理想は、ベースの事業は継続しながら、新しいことをやって成功するというパターンだ。ベースになる会社の資金力と銀行の信用があるのだったら、新しい試みをやっても成功する確率は高い。そうではなく、ベースの事業から撤退して、あっちこっちへウロウロするのは、経営者としては負けである。そこを、中小企業の社長はしっかりと考えるべきではないかと私は思う。

　業界の展望なんか、雑誌に任せたらいい。三菱総研や三和総研にとっては、書類にもっともらしいことを書いて話題を提供するのが仕事なのかもしれない。しかし、彼らが中小企業を経営するわけではない。だから、そうした情報は情報としてキャッチしておけばいいだけの話であって、中小企業の社長が鵜呑みにするようなものではない。

情報は取捨選択するもの。勉強は、自分の哲学を補強するためにするもの。その姿勢を忘れてはならない。ハクをつけたいと思うのか、とかく中小企業の社長はさまざまな知識を求める傾向がある。それで考え方なり戦略、戦術が明確になるなら、それに越したことはないが、たいていは「下手な考え休むに似たり」で、かえって頭が混乱していくのがオチである。社長の頭が混乱したら、社員はもっとグチャグチャになってしまう。社長が迷えば、従業員全部が迷う。だから、社長は絶対に迷ってはいけない。

「わが社は、こういう方針でやっていくんだ！」

という断固たる決意で臨むべきである。そうすれば、その分、社運、エネルギー、業績がプラスとなるはず。これは間違いない。

絶えず情報収集のアンテナを立てよ

企業経営に成功するうえで、飽きの心を克服するほかに、もう一つ、重要なポイントがある。それは、既成概念にとらわれず、つねに新しい発想を持つように心がける、ということである。

だが、すでにワンパターン化してしまった自分自身の行動様式、思考様式から脱却するのはなかなかに難しい。日本人にはとくに、この傾向が強い。

それは、食生活を考えてみるとわかりやすい。たとえば、一度、評判のレストランの味が気に入ると、そこを行きつけの店にしてしまい、行くたびに同じメニューを頼む人が少なくない。いわば、それが一つの習性にすらなってしまっているわけだが、こういう客は店側から見ればとてもありがたいお客である。常連客をつくることが商売繁盛につながるからだ。

だが、企業の経営者たる者、絶対にそんなワンパターンの行動様式に収まってはならない。絶えず、新しい店を開拓する姿勢が必要だ。

新しい店に入ったらまず、

「このお店の一番人気のメニューは何ですか」

と聞いてみる。そのときもし、五種類のメニューを紹介されたら、なるべく五種類全部を注文する。そのためにも、新しい店に行くときには四、五人で行くべきである。また、お薦め品を教えてくれない場合は、周りの客が食べているものを観察し、人気メニューをさぐる。そのほか、気になるメニューがあったら、それも注文する。とにかく、可能な限りたくさんのメニューを調べるのだ。

そうやって注文したメニューを食べながら、味を見定める。そうすれば、なぜこの店が繁盛するのか、あるいは繁盛しないのか、その理由がわかるし、自分が飲食店を経営しているならば、経営の参考になる。この程度のこと、飲食店の経営者なら誰でもやっていることだが、飲食店の経営者ならずとも、こういうクセをつけたいもの。それが新しい情報や商品との出合いのチャンスをもたらすのである。

それは飲みに行くときでも同じだ。若い子のいる店、美人がいる店、サービスのいい店、高級感のある店、安くても雰囲気のいい店など、三〇店ぐらいのレパートリーは絶対に必要だ。

それくらいの情報の持ち主となら、どこへ行っても楽しく面白い夜が過ごせるということになれば、近づいてくる人も自然に増えるはず。その分、商売の話をするチャンスも多くなる。

とにかく、経営者は情報通になることだ。飲食店一つとってみても、何の目的もなく一つの店に通い続けるということをしていると、中小企業は勝ち残れない。会社の経営者なら、情報の先端を行き、つねに新しいものを見出し、クリエイティブにものごとを考えていくクセをつけるべきである。

研究グセが身を助く

一口で言って、研究に次ぐ研究を飽きずに続けられる人でないと、会社の経営は難しい。飽きやすい人、研究熱心でない人は経営者に向いていないのだが、その点、私は恵まれていた。

先にも述べたように、私が時計会社を設立したのは、「時計産業はもうだめだ」と言われ、実際、いろいろな会社がバタバタと倒産していた時期だった。そんな時期に時計業界に乗り出そうというのだから、当然、不安があった。不安があったというより、不安の塊だった。その不安から逃れるために、私は何をやったかというと、経営技術の研究であった。

第一章で述べたように、会社を経営するには基本的に販売管理、財務管理、労務管理、資金調達、税金対策の五つの要素が必要だが、それらの技術を一つひとつ、人の何倍も努力して研究した。それはもう、死に物狂いと言っていいほど、研究に没頭した。もちろん、利益を生み出さなければならない責任を背負ったうえでの研究だから、並大抵の苦しみではなかったが、斜陽期をどうにか生き残ることができたのも、そうした研究のおかげだと思っている。

もし、好況期に始めていたらどうだろう。スタートが調子よく、スイスイと業績を上げていくことができたら、甘い経営技術でも渡っていける。その結果、こんなものかと見くびって、研究を怠る。それでも、業界全体が好況を維持していれば、どうにかやっていけるだろうが、ひとたび不況の波が押し寄せてきたら、ひとたまりもない。日ごろからの努力と研究が足りないのだから、真っ先に潰れて路頭に迷う。そんな末路を迎えていたに違いない。

そんなことを考えるにつけ、不況期にスタートして本当によかったと、つくづく思う。私が経営にタッチしている時計産業や教育産業と直接関係のない飲食店に入っても、つねに味の研究を怠らないのも、不況期に身につけた研究グセのおかげである。そういう研究グセを身につけている経営者なら決して負けることはないと思う。

成功の秘訣を探る努力を惜しむな

とにかく、事業で成功しようと思ったら、徹底的に研究することである。どんな商売でも必ず同業他社、ライバルがあるわけだが、それを徹底的に研究して、成功している理由、失敗した理由を探り出す。その理由は、一つではないかもしれない。いくつかの理由が複合的に絡み合って一つの大きな成功、失敗に結びついているケースがほとんどだから、考えられる理由をすべて探り出す。

そういうつもりで研究していけば、「あっ、ここだ。これが成功の秘訣だ」「あっ、ここがユーザーにウケている理由だ」と気づく点が必ずある。その理由をさらに掘り下げて、さらに一ひねり二ひねり加えたうえで自分の会社の経営に応用すれば、成功を得ること間違いなしだ。

だから、何よりもまず同業他社の研究、成功しているところの研究が欠かせないわけだが、その際、重要なのは必ず現地に足を運ぶ、ということ。これを忘れていたら、机のうえで経営書を開いてどんなに考えても、生きた知恵は決して浮かんでこない。とにもかくにも現地に足を運んで、目で見、耳で聞き、体で感じること。これが肝心なのだ。

それだけ腰をすえて研究すれば、何らかのひらめきが必ずある。そのひらめきを得るために何度でも現地に足を運ぶ。それくらいの徹底した姿勢がなければ、競争の激しいこの世の中、同業他社との戦いに勝ち抜くことは難しいだろう。

だから私は、美容院に行ったときでも、ボケーッとしている時間がもったいないから、

「一人の美容師さんで、だいたい何人ぐらいのお客の名前を覚えるものなのですか」

と話しかけたり、マッサージをしてもらっている間は、どう揉んだら気持ちよ

くなるのか、マッサージのやり方を研究したりしている。同じマッサージでも、人によって全部やり方が違う。それを鏡で見ながら「ああ、こういうふうにやるのか」と目で覚え、会社に帰ってからスタッフを相手にやってみる。

「そのマッサージ、どこで覚えたんですか」

「美容院で覚えたんだよ」

「よく見ているんですねえ。ぼくだったら、気持ちよくなってウトウトしちゃいますけどね」

と、誰もがびっくりするが、それくらいは当たり前。どこへ行ってもボケーッとしていないで、必ず何か新しい発見をすること。それが私のモットーなのだから。

ところで、ある美容師に聞いたところでは、人気のある美容師はふつう、三〇〇人からの人の名前と顔、それから趣味くらいは覚えているものなのだそうだ。三〇〇人の名前と顔と趣味を覚えているとは、まさに驚異的ではあるが、それを聞いて私は決意した。「よーし、だったら私は最低三〇〇〇人の顧客の名前と顔を覚えるぞ」。それ以来、会う人ごとに名前を覚えようとしたが、なかなか覚えられない。どうやったら確実に覚えられるんだろうかと、いろいろ試した結果、出身地や出身大学などに絡ませると覚えやすいことがわかった。

「やあ、久しぶりですね。あなたはたしか北海道出身の鈴木さんでしたね」

「えっ、よく覚えていらっしゃいますね」

人は、名前を覚えてくれていたということだけでも、何かうれしくなるものである。それに反して、

「えーと、お名前、何とおっしゃいましたっけ？」

なんて言ったら、寂しい思いをさせることになる。名前を覚えるなんて小さなことかもしれないが、そういう小さな努力とサービスの積み重ねがリピートオーダーにつながり、「また頼もうかな」という気持ちにさせる一つの要因になるのは間違いないだろう。

一口に工夫とか努力とか研究と言うが、成功をめざす経営者は、どんなときでも、どんなものでも研究し、分析し、徹底的に調べ上げるくらいの情熱とエネルギーが必要ではないだろうか。

成功を約束する「人の三倍の努力」とは

経営者として大成する最も大きな可能性を秘めている人は、素直で好奇心の強い人、研究熱心な人である。私はつねづね、そう考えている。実際、成功している経営者には素直で研究好きな人や好奇心の強い人が非常に多い。

ところが、成功とはほど遠いところにいる経営者の中にも、研究好きを自負している人が多いのもまた事実である。

「私は何にでも興味を持っています。一度興味を持ったら、とことん研究しないと気がすまない性分なんです」

と言うのだが、ご自分の事業はいまひとつパッとしない。そんな方に、これまで何度となく会ってきた。

同じく好奇心が強く研究好きだと言いながら、片や成功、片やイマイチ。その違いは一体どこにあるのか。思うに、イマイチの成功しか収められないのはイマイチの研究しかやっていないからではないだろうか。関心のあること、業務内容に関係のあることなら研究するものの、それ以外のことにはまったくの無関心。

また、研究したとしても、すぐにわかった気になって、それ以上の掘り下げにチャレンジしようとしない。一言で言えば、すべてが中途半端で終わってしまう。だから、会社の経営も中途半端になってしまう。私はそう考えてきた。

だから私は、そば屋さんに行こうが、美容院に行こうが、店に入ったら鵜の目鷹の目で〝何か〟をキャッチしようと、決して気を抜くことがないように努めている。

たとえば、そば屋さんに行ったら、黙ってそばを食べるのではなく、できるだけご主人と話す機会をつくり、そば談義を持ちかけるようにしている。二八そばのつなぎと味の特色、そばどころ長野県の南北における味の違い、九州そばの特色といった談義をふっかけるわけだが、これを始めたら二時間でも三時間でもディスカッションできる。これまでのそば研究の蓄積があるからこそのことではあるが、これをやるとたいてい、

「ご実家がおそば屋さんなんですか」

なんて言われる。

「いや、そうじゃありませんよ」

「隠さなくてもいいじゃないですか。おそば屋さんなんでしょ」

うどん屋さんに行くと、これまたうどんの話が延々とできる。

「お宅、うどん屋をやっていたんですか」

「いや、違いますよ」

美容院に行けば美容院に関する話をする。

「美容院をなさっているんですか」

「いや、違いますよ」

「じゃあ、これから始めようと考えているんですか」

「いえ、そんなこと考えていませんよ」

どこへ行っても、同じ業種の人間と間違えられる。

「なぜ、そこまで研究するんですか」

とよく尋ねられるが、興味があるし、ボケーッとしていたら時間がもったいないから、どこへ行っても情報を収集するように心がけているだけである。なぜ、こっちの店は流行っているのに、あっちの店は流行っていないのか。きっと理由があるはずだ。その理由はなんだろうかと、そばを食べているときでも調髪をしてもらっているときでも、絶えず研究しているのだ。

私は、経営者だろうが従業員だろうが、誰にでも気軽に話しかけて、その店の情報を入手するように努めている。その結果、何かひらめくことがあったら、「これは天の教えだ」と考えることにしている。「単なる偶然かもしれない」とは決して考えない。偶然だと受け止めたら最後、何一つ発見できなくなってしまうからだ。

そのように興味を持って観察していれば、意外な発見ができる。人の話の中に眠っている宝を見つけ出すことができる。その宝を発見したら、次の店に行ったとき、

「先日、あるお店で、こんな話を聞いたんですけど、それって本当なんですか」

「いや、そうじゃないですよ。それはね……」

向こうはその道のプロだから、半分意地になって教えてくれる。そしたらまた別の店に行ったときに、

「何でも、こういうことらしいですね」

「いや、そういうこともあるけど、それだけじゃないですよ」

と、さらに深い情報が入ってくる。だいたい七軒ぐらい回ったら、プロと同じぐらいの知識と情報を入手できる。

こうやって私は、成功のノウハウをどんどん吸収してきたのである。これはどんな業種にも通じること。成功を願うなら、研究に研究を重ね、同業他社の情報をはじめ、あらゆる情報の収集に努めるべきだ。私はつねづね、「成功の秘訣は他になし。人の三倍の努力がすべてである」というような話をするが、一口に人の三倍と言っても、それくらいまでやってはじめて人の三倍の努力をしたことになると考えている。こういう努力や研究が足りているか、つねに自らを省みる姿勢が必要である。

信用獲得のコツ

研究と言えば、私は信用調査会社を調査したことがある。と言っても、調査会社の財務状況を知りたくて調査したわけではない。調査会社は何を調査し、どのように評価するのか、それを研究するために、自分で自分の会社の信用調査を依頼したのだ。

会社を設立して間もないころ、新規開拓した取引先からの依頼で調査会社の人がやってきたことがある。何分にも会社を始めたばかりなので、信用調査と言われても、何が何だかさっぱりわからない。私は問われるままに答え、私なりの経営理念と経営指針を精一杯、語った。しかし、評価としてはかなり低かったらしく、新規取引先から色よい返事をいただくことはできなかった。

やっと開拓した取引先である。大切なその取引先を、たった一回の信用調査、しかも見も知らぬ調査会社の評価で失ったのだ。私は、悔しさで身の震える思いだった。だが、そんなことで落ち込んでなんかいられない。「それなら今度は、こっちが調査してやる」ということで、信用調査会社を調査することになったわけだ。

その結果、どこにマイナス点をつけられるのかがわかった。

まず社歴が三年未満。これはすべてマイナス評価である。それから、社屋が民家の借家というのもマイナス評価。さらには経営者が若いというのもマイナス。これはかなり大きなマイナスだ。

おおむね、そんなところが判明したわけだが、社歴はもちろん、社屋についてもいますぐ変えるわけにはいかない。しかし、経営者に関する調査については何とか対応できる。要するに経営者は年をとっていたらいいらしいということで、私はすぐに父親に名前だけの代表者になってもらった。

それ以来、信用調査は一発でＯＫである。

「私は若造ですから。私たちの経営者は大正生まれで、非常に計数を尊重する経営者なんです」

「ああ、それがいいんですよ」

経営者に関して説明をつけ加えれば、年配であるうえ、計数に明るいというのが一番点数がいい。信用調査では、夢とロマンなんか語るとだめ。計数に明るいところを見せておけば、「社長として理想的である」なんていう項目に丸がつく。信用調査のコツがわかってからというもの、もう何回調査されてもばっちりＯＫだ。

信用調査会社の研究は、信用調査対策に役立っただけではなかった。日常のビジネス取り引きでも十二分に活用することができた。

当時、私の会社には五人の従業員しかいなかった。何しろ五人しかいないのだから、すぐに常務、専務、副社長も夢ではない。よくあるケースは、従業員五人のうち四人までが取締役で、あとの一人がヒラ社員というケース。私のところも似たようなものだった。ヒラの営業マンの上がいきなり二〇代の常務。つまり私である。

あまりに若い人間が役職についていれば、どうしたって小さな会社だと思われる。しかし、小さな会社ほど大きな会社の胸を借りなければ大きくなれないのだ。その大きな会社を相手に商談をするときにはどうするか。私は極力、低音でしゃべることにした。もちろん、電話で、である。

「常務の深見さんですか」

「ああ、そうですが」

と低音で答えると、年配の人かと相手は錯覚する。だが、会えばすぐにバレてしまう。そのため、私はなかなか取引先と会わないようにしていた。私の下の営業マンは常に私の指示通りに動き、なかなかに優秀な営業マンだったので、彼に会った取引先は誰もが、ヒラの営業マンがこれだけ優秀なのだから、上にはもっとたくさん優秀な人材がいるんだろうと、勝手にイメージしたらしい。実際には常務の私一人しかいないのだが、その美しいイメージを壊さないために、私はなるべく取引先には会わないようにしていたのだ。

大きな会社と取り引きを始める場合、東京では必ずと言っていいほど、役職を尋ねられる。

「どういう役職の方ですか」

「ああ、常務をしておりますが」

低音で、ゆっくり堂々とした声で話すと、大きな会社だという感じを与えることができる。実際に取引先に出向いて行くのはヒラ社員なのだから、わかりはしない。そうやって仕事が整い、しばらくして先方が会社へやってくると面白い。

「ああ、どうも」

なんて挨拶をするのだが、

「おっ、こんなに若いんですか」

「ははは、若く見られるんですよ」

「はあ……」

二七歳のときである。向こうは四〇歳ぐらいだろうと、ずっと思っていたらしい。二七歳でも、低音でゆっくり話せば年をとっているような感じがする。最初に会っては不利になる。こんな若い人がやっていて、本当に大丈夫なのかと思われるに決まっている。日本では、若さは信用されないのだ。

銀行対策のコツ

信用調査対策も考えておくべき大切な技術かもしれないが、中小企業経営者にはもっと重要な、絶対に身につけておかなければならないものがある。銀行対策がそれだ。

もちろん、事業に取り組んでいるのだから、自己資金もあるだろう。しかし、事業を回転させるには、それだけで足りるわけがない。そこで銀行から借り入れるわけだが、このとき、しっかりとした銀行対策を身につけていないと、なかなか貸してもらえるものではない。

ご存じのように、銀行というところは預金は勧めるものの、貸すとなると態度を一変させる。それも「貸しません」と正面きって言うのではなく、「信用保証協会というのがありまして」と、巧みに信用保証協会を勧めて貸そうとしないのだ。なかなか手がこんでいる。

銀行の融資係は断りのプロである。相手の感情を害さないように、かつ銀行が損をしないように、上手に断る。きっと、毎日毎日、そういう練習をしているのだろう。

それに、銀行というところはやたらと細かいところでもある。現金と帳簿が合わなければ、わずか一円の齟齬であっても、夜の一〇時、一一時まで延々と計算をするような、本当に細かいところまでチェックする会社。それが銀行である。

まして、融資係になると、その細かさに断り名人の要素が加味されるのだから、よほどうまく頼まないと、まず貸してもらえない。

第一章で述べたように、銀行とは「晴天の雨傘」である。必要ないときに「どうぞ、借りてください」と言ってきて、雨が降ってきて本当に傘が要るときには、決して貸そうとはしない。ちょっと待て。雨が降ったときにこそ傘は要るんだ、と言いたくなるが、それが銀行というものである。

銀行員はまた芸者でもある。金を持っている客なら、「あーらスーさん、いらっしゃーい」なんて猫なで声で擦り寄ってきては、三味線をじゃんじゃん掻き鳴らす。その代わり、金がなくなったとたんに、サーッと姿を消してしまう。もちろん、誰一人として近寄ってくる者はいない。銀行とは、本来そういうところである。

銀行マンの読者がいたら申しわけないが、中小企業にとって銀行とは、共通の敵とまでは言わないまでも、少なくとも味方なのか敵なのか、よくわからない存在である。お金があるときは味方のように見えても、お金のないときは敵に見える。それでも銀行を味方に引き入れなければ、会社はやっていけない。

業績が上がっていけば、その分、変動費が増える。もちろん固定費も増えるが、主に変動費が増えていく。しかも、売掛金の回収はあとからだから、どうしても短期借入金での資金繰りが必要になってくるわけだ。株式会社の基本的な資金調達法は株の発行。株を発行してキャピタルを増やすのが原則だ。けれども通常は、「株の発行＝他人資本＝人様から借金」するよりも、銀行から借りる。

ということで借りざるを得ないのだが、借りた実績がないと銀行も貸してくれない。適度に借りて返すという「銀行とのおつき合い」、いつも必ず返済してきたという「実績」をつくってはじめて、貸してもらえるのだ。

銀行交渉の極意

中小企業をマネジメントしていくうえで、銀行とのおつき合いは避けることはできないわけだが、そのつき合い方にもポイントがある。

銀行に出かけていって話をしていると、相手の担当者はまるで刑事のように、サッと手帳を取り出してメモを取る。このメモが曲者で、以前こちらが言ったことと矛盾がないかどうかをチェックしているのだ。一言でも違ったことを言おうものなら、

「以前、こういうふうにおっしゃってますが……」

と突っ込んでくる。それだけに、よほど記憶力がよくないといけない。対等にやろうとするなら、こちらも同じようにメモを取っておくといいだろう。

ところで、銀行工作のときに、「さあ、今日は一世一代の大勝負だ。この一戦

にわが社の興廃がかかっているんだ！」なんていうような、深刻な顔で行ったら奇妙である。銀行に気合と気迫は似合わない。

銀行は基本的にセコイところだが、それでも税務署とは違う。

税務署は、税金を納めていない相手には、隠しているんじゃないかと疑い、納めすぎても、もっと隠しているんじゃないかと、何でもかんでも疑ってかかるところである。いわば、性悪説で仕事をしているところが税務署だと思って間違いない。対して銀行は、そこまではいかない。一定の要件さえ満たせば、貸してくれるし、銀行のほうとしても優良な企業には貸したいと思っている。

さて、その要件とは何かと言うと、担保などの保全と歩積み預金などのメリットと事業計画書である。もちろん、事業計画書といってもしょせん計画書であり、事業が寸分違わず、計画どおりに進んでいくためしはない。だから、あくまでも計画書にすぎないのだが、少なくとも経営者のビジョンを示さなければ、銀行は信用してくれない。これくらいの資金、これくらいの規模でやれば初年度はこれくらいの上がりで、これくらいの利益が出るという事業計画書を出さずに、無計画に口頭で説明しただけでは信用してもらえない。

そもそも、事業計画書さえ出せないような経営者に融資したら、回収できるのかどうか、銀行としても不安になるだろう。だから、事業計画書だけはビシッと書かなければならないのだ。

ところが、中小企業経営者で、大学で経営の勉強をやった人は少ない。よしんば大学を出ていたとしても、事業計画書なんて書いた経験がないから、どう書いていいのかわからない。だから、もっともらしい事業計画書をすぐにつくってくれる事業計画書作成会社というのがあったら、繁盛するのではないかと思うが、ふつうは、税理士に書類のチェックを頼むのが一番いいだろう。あるいは元銀行マンの人に頼んでもいいし、書き方を教えてもらってもいい。

その際、注意を要するのは、前に言ったことと矛盾しないように書くこと。とくに数値に関する矛盾は絶対にいけない。ただ、あまりに事実どおりに書くのも考えものだったりする。

「これから始めようとする事業ですから実績はありません。実績はこれからです。期待してください」

なんて言ったら、まず信用してくれない。要は豊臣秀吉の墨俣《すのまた》城方式を真似る

ことだ。当面の敵に対処するため、とりあえずプレハブの城だけでもつくってお
く。そして、敵が城を見て逡巡して退却している間に、ぽちぽち本当の城をつく
っていく。プレハブの城でも何でもいいから、とりあえずは、すぐに城をつくら
ないと相手にしてもらえないのだ。
さて、事業計画書をビシッとつくったら、融資係への説得が始まる。
「これだけの資金が必要です。返済計画は短期、一年でお返しします」
と言えば、担保能力のいかんによっては、貸してもらえるかもしれない。しか
し、担保がなければ、たいてい、
「一億円貸してほしい」
「一億二〇〇〇万円、定期預金していただけますか」
といった話になる。これを歩積みと言う。本来歩積みはご法度である。しかし、
銀行としての本音と建前は違う。歩積みの要求は（暗に）あるものと心得ていた
ほうがいい。
一億二〇〇〇万円の定期預金を担保に一億円貸すなんて、そんなの誰だってで
きる。たとえ、借りる額より少ない歩積みを要求されても、ついついそんなふう

に思いたくもなるが、それを口に出したら、銀行はこう言ってくる。

「だったらけっこうです。しかし、それではこれまでの話し合いや審査は意味がなくなりますねえ」

これでは貸すと言っているのか貸さないと言っているのか、よくわからない。じつは、ここからが押したり引いたりの、丁々発止のやりとりが始まるのだ。

私も最初に予備校経営に携わったときには本当に苦労した。何しろ実績なんか何もないのだから、銀行が信用してくれるわけがない。

前にも書いたように、そもそも三年未満の会社というのは、世間様にまだ認めていただけない。だから、三年目ぐらいからきちんと黒字が出るようにしなくてはならないのだが、売上は上がり、利益も上がっていたとしても、それまでに借り入れているものがあるので、帳簿上は赤字になっていることが多い。いわゆる累積赤字というやつである。

そういう負の返済も全部終わり、さらに利益を計上してはじめて、本当の意味での黒字になるのだが、最初の三年間がなかなかうまくいかない。五年続けて赤字を出したら、まず倒産である。

だから、この最初の三年間が辛抱どころなのだが、そういう苦しいときには銀行もなかなか貸してくれない。A銀行がだめならS銀行があるさと出かけて行っても、S銀行でも、ぐちゃぐちゃとわけのわからないことを言うばかりで、貸そうとは言ってくれない。

私はM銀行にも行った。で「もういいや、担保を探し出そう」という気持ちになったとき、S銀行から借りられる可能性が生まれてきたのだった。つまり、A銀行とS銀行とM銀行を競わせた結果、S銀行から最小限の担保で必要なお金を借りることができたのである。

だから、銀行は競わせるべきである。そうやって首尾よく借りられたら、あとは、ちゃんと返せばそれでいい。そして、不必要なときでも〝借りてやって〟、その都度きちんと返していったら、銀行の信用は自然とついてくるものである。

とにかく、はじめの一歩が難しい。どんな会社だって、はじめの一歩というのはある。はじめから調子のいい会社なんて、まずない。だから、どうやって金を借りるかという知恵が必要なのだ。

やはりオドオドしていては、銀行も不安になる。基本的には担保がなければ貸してくれないだろうが、きちんとやれば、担保がなくても五〇〇万円とか、支店長枠で信用があるなら一〇〇〇万円とかを貸してくれる場合もある。業績のいいところなら、無担保で一億円だとか六〇〇〇万円を貸すという場合もある。

その信用は、経営者の人物だなんてことを銀行は言うのだが、一体どれだけその経営者と食事をしたり酒席をともにしているのか。そうそう人物なんてわかるものではない。

銀行が人物を判断する基準は、決算書と担保力と返済実績と月中、月末預金残高実績であり、まず、それらが最も大切な人物の中味である。そして、その他に、洋服がきちんとしているかどうか。次に、髪形がきちんとしているかどうか。時間を守るか、言葉に迫力があるか、勇気や自信を持っているかなどを、ほんのちょっぴり加味するものである。

しかし、迫力や生命力の息吹がないと、銀行も安心できない。

担保がなければ基本的に貸してはくれないのだが、担保がなくても貸してくれることもある。それはやはり、その人の言葉の真実性なのだ。前に言ったこととと いまの発言に変化がない、誠実で知恵があり、事業計画書がきちんとしていて、返済実績があり、息吹を感じさせる人だったら、「ああ、これだけ頑張っていたら大丈夫だろう」と融資係も信じるのだ。

銀行に提出する決算書というのは、限りなく大風呂敷に近い。粉飾と言っては言いすぎだが、装飾している会社は多い。経営者の意思に沿った前向きな拡大解釈、そういうものだということは銀行も承知である。一応資料にはするが、税務署へ提出した決算書と共に、やはり経営者の人となりも見るのだ。最終的に貸し倒れにならないようにと、慎重に考えている。銀行もやはり真剣勝負なのである。だからそこで息吹と知恵と言葉とが生きてくるのだ。

絶対にやられない税金対策

銀行対策と並んで重要なのが税金対策である。

いかに合理的で合法的で賢明な納税をするのか、これを研究するのも、中小企業経営者の責務である。とくに、売上が上がってくると税務署から目をつけられるので、順調に成長している企業の経営者は、きちんとした税金対策を立てておくべきである。

私のところでも誤解されて査察に強制調査をされたが、私たちのグループはこれ以上ないほど、きちんと税務署の指導どおりの経理をしていた。だから、どこをどう調べても何も出てこない。もちろん調査の結論は「シロ」である。その「シロ」の結論が出るまでは、うんざりするほど調べ上げられたが、おかげで、マルサの調査がどういうものかよく理解できた。それをまとめて、『マルサに勝つ法』という本でも書いてやろうかと思っているほどである。

それは冗談として、「マルサが来たら困る」という人に、マルサに勝つ法、税務署に勝つ方法を教えよう。

どうやったら勝てるのか。答えは簡単、税金をごまかさずに納めれば勝てる。「何だ、そんなこと当たり前じゃないか」と思った人は気をつけたほうがいい。私が言っているのは、ごまかさない、ということである。税金をごまかすというのはどういうことかと言うと、具体的には入りをごまかすことを言う。入りをごまかすと、これは脱税である。一方、出費をどのように扱うかというのは、見解の相違であって、違法ではない。だから、入金をごまかしてはいけない、というのが私の結論である。

税務署の調査官は超能力者である。あなたがどんなに上手にごまかそうとしても、あちらのほうが断然、上である。これは間違いない。中途半端に隠しごとをしても、たちまち見破られてしまう。まず目でわかるらしい。それならばと「安全な目」というものを研究しても、今度は耳の動きでわかったりする。ごまかそうとか、してやったりと思うと、そのときのムードでわかるらしい。いくら帳簿がきちんとできていても、電話帳だとかメモ帳だとか印鑑だとか、原始資料というのがある。それを見ていくと必ず矛盾が出てくる。税務署というのは超能力者、霊能者の集団なのだ。

霊能者に勝つには、何も思わず何も意識しない境地、いわゆる無の境地で立ち向かうのが一番。霊能者に会うとき、霊能者に勝つために何かしてやろうと思うと、その思いが相手のアンテナにひっかかって、こちらの心を見透かされてしまうが、何も思わなければ、いかに霊能者といえども、見破ることはできない。

すなわち、税務署に勝つには、合理的な納め方はしても、ごまかそうなんて考えないことである。すると目が輝いて、相手も安心するのだ。その年の決算がちゃんとできていたら、さかのぼって調べたりはしない。ごまかそうという思いがあるから、何かあるぞと感じて調べにくるのだ。その結果、何も出てこなくても、調査に入った以上、向こうも何かしらの「おみやげ」がないと帰れない。そこで、半ば強引にやられる、ということになる。やはり、きちんとした正攻法が一番強い。

われわれも税務署にはさんざんお世話になったが、その原則を貫いていたために、結局、何も立証できずに引き揚げた。少しぐらい見解の相違があっても、不正は一切ない。結局、そのほうが勝つ。大きい声で自信を持って、「こうだ！」と言い切る。その迫力と目の輝きで「もうけっこうです」となるのだ。

それでも理不尽なことを言われたら、国税不服審判がある。どう考えても税務署はおかしい、あの税金の取り方はおかしいと思うなら、泣き寝入りすることなく、国税不服審判所に不服申請を起こす。これで勝つ人は意外と多い。だから、不正もなく、おかしいと思ったら大いにやるべきだ。

そこまでいかなくとも、税務署は書類だけでなく、その人の内なる波動、叫び、あるいは目を見ているものである。不正さえなければ怖くはない。思いきって、多いに議論闘争すればいい。堂々とやるのが一番である。そのためにも、税務に関しては日ごろから、ある程度は研究しておくべきだと思う。

発明・特許の落とし穴―その1

ある意味で、究極の調査・研究は発明・特許かもしれない。

特許――何とロマンチックな響きだろう。特許で一発当てて、大儲けしたい。そんな思いを抱きつづけている人も少なくないはずだ。中小企業経営者にとって、特許を取るというのはまさに夢である。

発明・特許という話になると、必ず思い出す人物がいる。米を機械に乗せると自動的に米俵になって出てくる自動米俵編み機や、玄米から養分を抽出してつくる健康ドリンクを発明した人である。そのドリンクを、私が携わっている商社でも扱ったことがあるが、それを飲むとあらゆる病が改善する、という触れ込みだった。

それ以外にもこの人は、何百という特許を持っているのだが、悲しいかな、ビジネス化に取り組むと、とたんに不渡りを食らったり騙されたりで、ことごとく失敗に終わった。その一部始終を見ていた私は、発明する能力と事業化する能力とはやはり別ものであって、事業化する能力に欠けていたら、いくら特許を持っていても成功はおぼつかない、ということを学んだ。いや、もっとはっきり言えば、下手に発明・特許にのめり込もうものなら、かえって自分の首を絞めることになりかねない、特許なんかに手を出さないほうがいい、と痛感したのであった。

とくに、「これがあればすべての病がよくなる」とか「これがあればすべての問題が解決する」といったうたい文句の発明・特許には要注意。絶対に引っ掛かってはいけない。なぜなら、それが凄い発明・特許であればあるほど、それが世に出るまでには繰り返しテストをしなければならないし、どのように商品化するかをよく考えなくてはならない。すなわち、実用化とマーケティングに向けての準備が必要なのだが、それには当然、時間もかかれば資金も要る。そのうえ、そのプロジェクトが動いている間、本来の仕事に手が回らなくなる。実際に特許製品に関係したことのある人ならご存じだと思うが、

「こんな素晴らしい発明・特許はほかにはありません。絶対に儲かります。どう

ですか、一つ、ジョイントベンチャーでやりませんか。加わりませんか」と誘われて手を出すと、「これが要る、あれも要る」とばかり、湯水のごとく金が流れていく。途中で不安になっても、経営基盤の脆弱な中小企業ほど「ここまで来たら、もう引き返せない」ということになり、またまた金が出ていく。

先物取り引きの落とし穴と同じである。

仮に幸運にも二年か三年たって実用化できたとしても、そのときにはまた膨大な資金が必要となるから、まさに金食い虫そのものである。

さらに、実用化されたとして、その先どうなるのだろうか。ベンチャー中小企業に、果たしてバラ色の未来はやってくるのだろうか。発明戦士に栄光の日々はやってくるのだろうか……。

答えはノーである。

その発明が小さなマーケットしか形成できないものなら、あまり問題はないかもしれない。しかし、大きなマーケットを形成するものであればあるほど、大商社、大メーカー、大資本が狙ってくる。政治家が出てくるわ、ヤッチャンが出てくるわで、見たこともないような社会の裏側をかいま見て、しっちゃかめっちゃか、スラップスティックな大ドタバタの挙げ句に、スッカラカンになってしまうのがオチだ。

特許の持ち主が、自ら事業化に取り組み、何年かかけて成功したものなら、その間に培ったノウハウと特許で、ある程度は守られるだろう。しかし、大きなマーケットでやろうとすれば、必ずやられる。なぜなら、資金力、販売力、情報力、ネットワーク、人材、銀行のバックアップ、つまり、人・物・金のすべてを持つ大企業が、そんなおいしい餌をみすみす見逃すわけがないからだ。

彼らは、おいしい餌を目にしたら、必ず商権を握ろうとするだろう。闇の世界からもアウトローが殴り込みをかけてくるだろう。そうでなくても、特許ギリギリの、限りなく似ている製品の製造・販売をしかける業者が出現するのは必定だ。そうなったら最後、コスト面でも販売力の面でも、中小企業がかなうわけがない。さんざん苦労して、やっとビジネス化できた、投資した分を回収できるんだと感涙にむせんだその刹那、大企業にパクーンとかっさらわれるわけだ。

たとえば仮に、画期的な電気冷蔵庫を発明したとしよう。だが、いったんそれが商売になりそうだとなれば、すぐさま、大手メーカーが鼻を利かせて動きはじめるだろう。そして、最新設備の研究室で、特許の裏をかいくぐる、安くて機能・デザインにすぐれた商品をアッという間に開発し、圧倒的な宣伝力と販売網で売りまくるだろう。これまでに、どれほどの中小の人間や会社が泣いたことか。

一時期のパソコン業界はその典型だった。

パソコン業界と言えば、かつてはソードというユニークな会社が存在したり、いろいろな会社が群雄割拠していたものだ。それが、パソコン産業が成熟してきたらどうなったか。大手が軒並みに参入して、ハードもソフトも全部やられてしまった。いくつか特許を持って先行していた中小のコンピュータメーカーやソフトハウスはどうなっただろうか。ソードを含め、その多くが倒産の憂き目に遭ったのは記憶に新しいところだ。

マーケットが大きくなると、必ずそうなる。最初は黒字で順調であっても、途中で大企業の餌食にされてしまう。そんなのはもう、目に見えている。

だから、もし特許ものをやろうとするなら、どれほどの人材を動かせるのか、どれだけの資金を動かせるのか、自分の会社の実力を十二分に把握したうえで、やるかやらないかを判断しなければならない。そこを、夢と希望で特許を信じすぎると、苦労と苦渋だけが残ることになるだろう。

発明・特許の落とし穴――その2

とは言っても、発明・特許の世界で中小企業が成功する道がないわけではない。ちょっとした発想の切り替えをすれば、十分に可能だ。その発想の切り替えとは、すなわちマーケット・セグメントで特色を出していくというやり方である。中小企業が特許で成功するためにはマーケット・セグメンテーション、すなわち市場を細分化して、その一分野でのトップをめざすしかない。

たとえば、電気冷蔵庫なら、全体をつくるのではなく、製氷皿に関する特許とノウハウをいくつも持つ。そのように、一つの狭い分野だけにターゲットを絞れば、他社には真似できない、確固たる技術と細やかなサービスが可能になる。これがいわゆるマーケット・セグメンテーション、あるいはニッチ、すき間産業などと言われるやり方である。

松下電器だって、何もかも特許やノウハウを押さえているわけではない。多額な開発費と時間をかけて開発する価値のない、値段の安い小さな部品は外注に頼っている。冷蔵庫にしても、心臓部に関してはいくつもの特許やノウハウを持っているが、製氷皿など周辺部品はよそから買っている。あるいは、ドアの塗装技術なども同様である。

そういうやり方をしていけば、マーケットがセグメントしてくる分、それに関しては日本一、あるいは世界一になることができる。中小企業で、堅実に成功しているところはみんなそうだ。何かのパーツ、それもある部分だけを専門的にやって収益を上げている。

大手メーカーはそこに参入しても採算が取れないから、参入してくることはない。ただし、マーケットが大きくなったら大企業にパックリ食われる危険性がある。だから、マーケットサイズと自分の会社の人材と経験、そしてとくに資本力を照らし合わせて考えることが大切だ。銀行から五〇〇〇万円借りるのに四苦八苦している会社や、一億円借りられて「ああ、よかった」などと言っている会社が、何千億円、何兆円動かす大会社と勝負できるわけがない。そんな分野には、絶対に進出すべきではない。

ところが、発明・特許を売り込みに来る人は、あくまで甘い言葉で擦り寄ってくる。

「これは世のため人のために役立つ、社会的意義のある技術です」

「これで公害問題がなくなります。みんなから喜ばれますよ」

「癌も治るし、医療の問題はこれで解決します」

「クリーンな生活環境が実現する」

なんてことを平気で言う。そんなセールストークに騙されて、特許の事業化を業務の中心に据えようものなら、会社は遠からず倒産する。百パーセントやられると言っていいだろう。だから、そんな魅力的な話を持ってくる人があったら、ペッペッペッペッと唾を眉毛につけて、「誘惑には絶対に負けないぞ」と思い定めることが大切だ。

事業家は事業で失敗する。本業がありながら「革命的な特許」に手を出すのは、一人勝ちを求める心である。欲と甘い誘惑に目が眩んで大失敗するのだ。それでは経営者の社会的責任は果たせない。

やはり、段階を踏んで成長することが大切だ。

まずマーケットをセグメントして、少しずつ銀行の信用と実力を養い、資本と人材を蓄積する不断の努力をする。それができたら、少しずつ大きなマーケットに出ていけばいい。会社が倒産する一番大きな理由は放漫経営だが、その次にくるのは特許製品、すなわち無計画な商品開発、無計画な経営なのである。

発明・特許の落とし穴――その3

なまじ特許を取ったがために会社がおかしくなる理由は、もう一つある。

たとえば、ヒット商品が一つ出たとしよう。すると、どうなるか。

「売れた！　ヒットだヒットだ、もっと売れるぞ、バーンと行け！」

ということで、人を入れる、事務所を拡張する、設備投資をする、というのが一般的ではないだろうか。

ところが、商品には寿命というものがある。最近はますます商品寿命が短くなっているから、三年続けばいいほうで、短いのは三ヵ月。商品寿命が落ちてきたときに支払いがあるわけだ。

利益を上げたら、その決算年度は税金も払わなければならない。決算が終わり、税金を払ったら、次には予定納税がある。予定納税は半年前には払わなければならない。しかもキャッシュで。つまり、なまじヒット商品が出たりすると、かえって資金繰りが逼迫して、苦しくなるのだ。

資金がショートすれば、銀行から短期の借入をして回転させることもできるが、税金までは手が回らない。結果、また銀行から借りるか、税務署に「すみません、物納します」とか「分割にしてください」という話になる。それでも、税金はキャッシュで払わなければならないから、結局、銀行から借りるしかない。

頭を悩ませるのは税金だけではない。攻撃に出ている分、経費もかさんでいくから、その手当ても必要だ。

その一方で、ブームは次第に下火になり、いつしか商品寿命が尽きるときがくる。ブームはしょせんブームでしかないのだが、商品寿命が尽きてきて売上が二割落ちたら、もう利益は半分。三割落ちたら利益は吹っ飛ぶ。それでも、次のヒットが出ればどうにかしのぐこともできようが、ヒットというものはそうそう飛ばせるものではない。そうやって、次のヒットが出ないまま、結局、一発屋として倒産していく。これが特許で失敗する典型的なパターンである。

たとえば、かつてエレンスパックという商品があった。覚えている方もいると思うが、泡でぶくぶく洗えば、顔がきれいになりますよという、あの美顔器である。あれはものすごい勢いで売れた。だが結局、あの会社は美顔器ブームが去ると同時に潰れてしまった。次のヒットが出せなかったのだ。

ここらへんの商売が上手なのが、「二光お茶の間ショッピング」で有名な二光通販（現・西友リテールサポート）である。また、日本文化センターなんていう会社も上手だが、特筆ものはやはり二光だ。

二光という会社は、新しいもの、売れるものをコンスタントに出すために、ものすごい商品開発と販売にネットワークを張っていて、絶えず商品開発と販売のための研究をしている。実際、つねに売れるものを供給しているから立派なものである。

ところがこの会社は、一つの商品がある一定量売れると、もうそれ以上売らないのだ。売れすぎると資金繰りを圧迫するからという。だから、ある一定のところで止めてしまうのである。

売れすぎると、その分、山と谷の大きな差のある支払い計画を立てなければならない。特定のものの在庫を沢山持たなくてはならない。そして、それが突然売れ行きが止まると、全てがデッドストックになる。売れたら売れたで、資金繰りを上手にしなければならない。そのことをよく知っているから、売れた売れたといってぬか喜びをしない。だからこそ、二光はああやって安定しているのだ。

ところが、マネジメントのド素人はそれができない。ちょっとヒットが出れば、前後のみさかいなく「それ行けーっ!」と、大量の資金を投入する。しかし、次の商品を出せないで、結局、倒産の憂き目に遭う。これがド素人のやり方だ。

そうではなく、もしヒットが出たら、次に何が起こるか、何を準備すべきかを頭に入れておくのがプロというものである。それができないようでは、マネジメントのド素人と言われても仕方がない。そういう人は、経営者としての実績に基づく知恵がないものだから、みすみす倒産していくことになる。

とくに特許製品がヒットした場合には、本当に眉にツバをしたうえで、いくつかのシリーズを用意しておくこと。公害関係なら、そのシリーズでいくつか関連商品を用意する。防災関係でも食品関係でも、それぞれのシリーズで複数の商品を用意しなければならない。一つの商品がだめになったら次の商品というようように用意しておく。

商品が一つしかないというのは危険である。商品寿命は本当に短い。それに、その商品がもしよかったら、同業他社が必ずライバル商品を出してくるだろう。前述したように、大きなマーケットであればあるほど、大きな会社がやってくる。われもわれもと過当競争になり、最終的には安くて品質がよくてサービスのいいものが残る。これは経済の法則である。

大きなマーケットならば、いち早く高品質・低価格・グッドサービスの研究をし、企業努力をしたほうが勝ち残る。スピードの勝負である。それをしない会社は淘汰され、潰れていくだけだ。「売れたぞー！　ホホホーッ！」と安直にかまえ、安穏としているうちに、マーケットが変わって、いつの間にやら四面楚歌、倒産の危機を迎える。逆に、小さなマーケットは安全だが、購買数が少ないから地道な努力と根気が必要になる。どちらを取るのが賢明か。よく考えてみるべきだ。

いずれにしても、特許ですべてが解決するかのような「おいしい話」には絶対に手を出してはいけない、というのが私の持論である。

本業にエネルギーのすべてを注入しなかったら、必ず経営に穴が開く。売上が落ちればボーナスも出せなくなって、従業員とその家族を不幸にする。仕入れ先も自分の家族も不幸にする。経営者は会社経営の責任がまず大事であって、そこを見誤ってはいけない。

社会的な信用を得るには年季が必要だ。社歴三年未満というのは信用調査上、会社ではない。どんなに売上と利益が上がっていても、社歴三年未満では銀行も会社として認めはしない。この不況下、おいしい話を聞くと手を出したくなるだろうが、マーケット・セグメントを忘れないように。大きいものは大手に任せ、中小は部分の特許だとか関連ノウハウだとか、的を絞った小さな分野で会社という城をビシッと固めたほうが、業績は安定する。それが何よりも確実な道である。

現金決済なら会社は潰れない

企業経営者はつねに、最悪のケースを考えなくてはいけない。

私は、会社をつくるときにたくさんの倒産の悲劇を見た。そこで、なぜ倒産するかを考えた。答えは簡単だった。

倒産とはふつう、不渡りを出すことを意味する。小切手が不渡りになるというのはあまりないから、要するに、約束手形が期日に落ちないことを一般に倒産と言うんだ、ということがわかった。逆に言えば、約束手形さえ切らなければ普通の倒産はしないわけだ。もちろん、売上がなければ会社はやっていけない。しかし、約束手形さえ切らなければ、いわゆる不渡りというのは出しようがなく、倒産もない。それがわかってからというもの、私は約束手形をいまだかつて一度も切ったことがない。

では、手形を切らずに資金がショートしたらどうするか。何はともあれ、まずは大家さんのところへ行く。そして、

「この不況でございますので、今月はお家賃がちょっと……」

と、ひたすら頭をさげる。水道、ガス、電話もこれと同じく頭を下げる。二、三ヵ月電話が止まっても、公衆電話かコレクトコールを使えば間に合う。

「あ、すみません。ここにおりますので、ちょっとお電話ください」

と言って、すぐに電話してもらえばいい。

私たちはそういう修羅場を何度もくぐり抜けてきた。最悪のケースでも、手形さえ切っていなかったら、これでどうにかしのぐことができるのだ。

給料に関しては、まず社長自らが給料を半分にする。それから従業員も半分にしてもらう。もちろん、上手に説明しなくてはいけない。

「会社の内容はこうだ。君たちの努力によってわが社は前途洋々たるもんだ。ただ、いまちょっとショートしているので、大変申しわけないが……」

と、真心込めて説明すれば、中小企業には組合なんかないんだから、たいていは納得してもらえる。

もらった手形が不渡りになったときの対策としては、中小企業倒産防止協会というのがある。これに入会して月々積み立てておけば、半年据え置きの五年分割払いで一〇〇〇万円でも二〇〇〇万円でも借りられるから、これは積み立てたほうがいい。

土下座してでも会社を守る覚悟があるか

次に走らなければならないのは、支払い先である。ただし、支払い先に限っては、期日になってからでは遅い。危ないと思ったら、何を差し置いても真っ先に走ること、これが肝心だ。不安感を与えると、最悪の場合、仮差押え申請で、銀行口座とか営業権を取られることになるからだ。

「今月、不渡りを食らうという事情がございましたものですから、お支払いはこういう約束になっておりますけれど、何とかこれを三回に分割していただけますようお願いいたします。会社の業績は上がっておりますので、必ずお支払いできます」

社長自ら足を運び、正面から頭を下げて誠意を尽くし、払わないと言わないで、分割にしてほしいと言うのがポイントである。また、金額の大きいところから訪問すること、これも重要なポイントだ。

深々と頭を下げて、

「どうにか分割でお願いいたします。ずっと支払い続けるということは、お宅様との長いおつき合いができるということですので、これもよきご縁じゃないかと思います」

と、明るく説明する。

一方、販売先に対しては入金を早めにしていただく。

「一つ、こういう状況でございますので、半手半金ぐらいにしていただけませんでしょうか。金利分だけおまけいたしますので……」

と、とにかく誠意を尽くして、入金を早めにする。

そうやって、入金を早め、出金を抑えめにという資金繰りをしていけば、三、四ヵ月ぐらいの資金繰りは大丈夫だ。絶対に潰れない。

手形を切っている場合、連鎖倒産の危機が来たら、とにかく早めに手形を回収すること。菓子折りを持って、社長みずから真っ正面から訪問する。そして説明するときには、

「あの会社この会社もご協力いただきまして、お宅様が最後でございまして」

と言わなくてはならない。お宅が最初だ、などと言おうものなら、とたんに「うーん」と渋い顔になる。

「何々会社にもご協力いただきまして、お宅様がもう最後でございます。わが社の命運はお宅様のお気持ち一つで決まるんでございます。従業員一〇人のために、一つお願いいたします」

と言って、四五度から四八度以上、深々と頭を下げる。頭を下げたら一分間は上げてはいけない。二分か三分、頭を下げっぱなしにして、最大限の誠意を尽くす。

手形こそ切ってはいないが、私はこれを全部やってきた。顔から火が出るほど恥ずかしいけれど、従業員のことを考えたら恥も外聞もない。ひたすら頭を下げるしかない。

手形は銀行に預けている場合が多いのだが、

「金利分、手数料だけは払わせていただきますから、そこを何とか」

と引き揚げてもらう。そして、一部をちょっと払って、三つか四つぐらいに小さくして、長い手形に書き換えていただく。一ついただければ、次々に「お宅様が最後で……」と回って行く。

そこまでやれなければ、中小企業の経営者としては失格である。プライドとかメンツは邪魔なだけ。一切合切をかなぐり捨てて、裸でぶつかっていけば、フィーリングとか誠意は伝わるもの。それを信じてぶつかっていくしかない。

学識と教養と学歴も備えたうえで、それができる人がいたら、最高の経営者になれるだろう。だが、学歴や教養のある人は、概してそれができない。プライドとメンツが邪魔するのだ。一流大学から一流企業、一流企業から脱サラ、というパターンで会社をつくった人が簡単に会社を潰したりするのは、そのためである。

逆に、学歴のない、裸一貫から身を起こした経営者はそれができるから、会社を潰すことはないし、成功を収めることもできる。中途半端な学歴や経歴など、むしろないほうが幸せなのかもしれない。松下幸之助や本田宗一郎が、まさにそうだったのである。

じつは私は、資金ショートがものすごく好きだった。資金がショートすると、ウワーッと若人の血が燃えたぎって、躍動感がみなぎってくる。大和魂が奮い立つのだ。

「いよいよ私の腕の見せどころだ！」

「これはチャンスだ。会社はこれから発展していくんだ！」

「これから社員の気持ちが引き締まっていく!」

と思って、ついニコーッとしてしまう。最近はそういう機会もなくなって、じつはちょっと寂しさを感じていたりもするのだが……。

どうしようもないときには返品でしのげ

支払いに困ったときには、土下座をしてでも支払いを延ばしてもらわなければならないが、ときにはそれだけではしのげないこともある。そんな場合にはもう、返品するしかない。

かつて、時計と同時に宝石のビジネスをやっていたとき、従業員が安直な仕入れをやって、八〇〇万円の在庫を抱えてしまったことがある。当時、月の売上が三〇〇〇万円から四〇〇〇万円。そんなときに八〇〇〇万円もの在庫を抱えてしまったのだから、にっちもさっちもいかない。しかし、いくら従業員がやったこととは言え、安直に仕入れさせてしまったのは私の責任である。

だが、どんなに責任を感じようが、現実問題として支払いができない。手をこまねいていれば倒産の憂き目を見るだけである。やむを得ず、私は返品するしかないと考え、仕入先へ夜訪をかけることにした。

いまでも覚えているが、先方に到着したのが夜の八時。それから相手の夕食が終わる九時まで待って、いよいよ夜の一〇時に闘いのゴングが鳴った。

闘いと言っても、ひたすら頭を下げるだけである。延々、深夜の一時まで平謝りに謝って、言葉のラリーで交渉に勝つまでやり続け、とうとう八〇〇万円分すべて返品。おまけに、末締め翌月末現金払いの予定だった支払いを、二〇日締め末日起算九〇日現金払いに延ばして帰ってくることができた。さすがに相手も憮然としていたが、次に会ったとき、

「あんたもよくやるねえ。あんたがいるんだったら、お宅の会社は大丈夫だ。これからも品物を納めさせてもらうよ」

と、お褒めの言葉をたまわった。相手も経営者、会社の為を思ってぶつかって行く捨て身の誠は、必ず通じるものなのだ。

しかし、実際問題として、こういうケースはきわめて異例で、返品を認めてもらえないケースのほうが圧倒的に多いはずだ。それだけに、仕入れに関しては慎

重のうえにも慎重に考える必要がある。

商品を仕入れても必ず売りさばけるという保証はどこにもない。だから、できれば、あらかじめ返品を了承してもらったうえで仕入れるのが一番。それも、どれくらい売れるのか、具体的な数値を計算しながら、少しずつ仕入れていく。掛け率が少しぐらい高くても、急がば回れで、少しずつ確実に仕入れていくことだ。

間違っても、掛け率に目を眩ませるようなことがあってはならない。ある程度まとまった数量なら掛け率を低くしてくれるからといって、最初から大量に仕入れたら、結局は在庫を抱え込むことになるからだ。

もちろん、在庫が少なければよいということではない。回転在庫として少なくとも一ヵ月分くらい、多くて二ヵ月分か三ヵ月分の在庫は必要だ。しかし、それ以上の在庫を抱えると、結局、帳簿上の利益がモノでおねんねしてしまい、それに対する税金やら支払いやらで、結局資金繰りに苦しむことになるのだ。

だから、最初はあくまでも少量仕入れが基本。そして、返品ができるかどうかを確認すること、これも基本である。とくに、単品売りの訪販や、顧客に直接売っていく直販で商品を仕入れる場合には、返品できるかどうかを考えないと、在庫を残してしまう。

それだけ慎重にかまえていても、在庫を抱えて資金繰りが危なくなることも、ときにはある。そしたら、夜訪でも土下座でも何でもして、

「そこを何とかお願いします！」

とひたすらお願いして、何が何でも返品する。それくらいの交渉力がないようでは、経営者としては甘い。そう批判されても仕方ないだろう。

仕入れを安直に考えるとこんなに危険

もうずいぶん前のことだが、あるとき、イオン水製造機を売っている人から、

「助けてくれませんか。このままでは今月中旬に不渡りを出してしまう」

という電話がかかってきた。

「ビルも何もかも全部、担保に取られてしまって……」

「なぜ、もっと早く言わないんですか。だいたい、イオン水製造機の販売をするのに、なぜビルを売り飛ばさなくちゃならないんですか」

聞けば、負債が二六〇〇万円もあるという。

イオン水製造機を売るのに、どうして二六〇〇万円もの負債を抱え込むことになったのだろうか。メーカーではない。小売業である。何とも不思議な話ではないか。

じつは、このようなケースは小売業の世界ではよくあることなのだ。たとえば、メーカーが、

「〇〇台以上仕入れれば、七掛けのところを六掛けにしますよ」

なんて言ってくると、「売りさえすれば、掛け率の安いほうが儲かるじゃないか」と軽く考えて、ついついまとめて仕入れてしまう。掛け率が高くても、最小ロットで商売したほうが在庫が少なくてすむはずなのに、そういうことをしてしまう小売業者は少なくない。安直に宝石を仕入れた私の部下もその一人だ。

在庫は、財務上は資産である。この場合の資産とは、利益が商品の形で眠っている、ということであり、これには五割の法人税と一割の住民税がかかってくる。しかも、支払いも待っている。ところが在庫はさばけない。在庫で給料を払えればいいが、そんなことができるわけがない。給料も家賃も、そして電気代、電話

代みんなキャッシュでの支払いだ。資金繰りが苦しくなるのは当然である。

掛け率が安くなるからと、まとめ買いをする。メーカーが払ってくれというから払う。ところが現金は月々の給料と家賃、諸経費で消えていく。で、あっちからもこっちからも借りる。金利がかさむ……その悪循環である。

資金繰りが悪いからと返品を申し出ても、なかなかうまくいくものではない。とくにこのケースでは、訪販業者相手のメーカーだから、脅したりすかしたり、「返品だなんて言うなら裁判だ」ということぐらいは言っただろう。小売業者の資金繰りが苦しいのを見てとって、「手形を切ってくれ。決済を早くしてくれ」と手形を切らせたわけである。

それが不渡りになりそうなとき、あっちからもこっちからも借りまくって、もうこれ以上借りられないというとき、どうすればいいのか。手形が何億円のレベルなら、これはもうどうしようもないが、何百万円かのケースだったら、まず死を覚悟することだ。

「おれは会社と従業員を愛している。よし、死んでも従業員と会社を守るぞ」

命を捨てる覚悟ができたら、命を捨てる前に、とりあえず恥を捨てる。恥を捨てたうえで、前述したように、手形を切ったところへ手形を返してもらいに行くのだ。手形を回収したらビリビリッとやる。それが一番いい。手形は手形交換所にさえ回らなければ、決して不渡り手形にはならないのだから。そして、長い手形に切り直す。もっとも、向こうも「危ないな」と思うと、裏書きして外へ回すことがある。町の金融で割り引いていたりすると、手形はヤッチャン方面に流れてしまい、結果土地を奪われてしまうだろう。危なそうな会社の落ちない手形を集めて、土地を奪い取るというやり方である。そんなところに手形が回ったら、これは難しい。

回る前なら、顔から火が出るくらいの恥を忍んで、

「手形を返してください」

と頭を下げに行く。

「鍋釜家財、一切合切を質屋に入れてでも、とにかく必ず返済いたします。私にどんなことがありましても、お返しいたします。生命保険に入っておりまして、過労死でも自殺でも、自分が死んだらとにかく保険が入ります。最後はそれで必ず払いますから、返してください」

と命を張って、土下座して言う。それが経営者としての覚悟である。ミサワホームの三沢千代治さんなど、実際にそうしてきたのだ。

とにかく土下座をしまくって、手形を一つひとつ回収する。二日前とか三日前では遅い。危ないと思ったら早め早めに、少なくとも一〇日前か一五日前、なるべく二〇日ぐらい前に土下座をする。回収してくれれば、まず倒産は免れる。

本当は手形さえ切らなければそう簡単には倒産はしないのだ。手形でなければ、代金を取りにきたとき、入口で攻防戦をしたらいいのだ。

「そこを何とか、そこを何とか」

政治家でも土下座をして選挙をするのだから、会社を守るためにはそれぐらいはやって当然だろう。土下座なんかタダである。しかし、余程追い込まれないと、普通はそう簡単にできるものではない。

また、もし商品の仕入れをして支払いができないのなら、返品に行けばいい。もちろん、「待ってください」と言うギリギリ寸前まで、支払うための最大限の努力をしなければいけない。そのうえで、どうしても商品が売れなかったら、返品に行けばいいのだ。手形を切ってくれと言われて、まんまと切るような根性ではいけない。自転車操業で手形を切ったら不渡りになるに決まっている。先ほどのイオン水製造機のケースでも、もっと早く相談があれば、私は「返品に行きなさい」と言っていただろう。しかし、危急の場合は手形を回収に行くしかない。その人は私の具体的なアドバイス通りにやって、見事に倒産の危機を脱することができたが、仕入れはそれほど重要なことなのである。「まあ、いいんじゃないの。掛け率を負けてくれるんなら」などと簡単に仕入れてはいけない。資金繰りを考え、売れるか売れないかを考える。つまり、仕入れに責任を持たなければいけないわけだ。

第三章　従業員を生かす労務管理のコツ

従業員は期待できない、それが中小企業の宿命

この章では、中小企業における人材活用法について少し掘り下げて書いてみたい。

人材不足は、いつも、いつでも中小企業経営者の頭を悩ませる問題である。私はこれまで数え切れないほど中小企業経営者からの相談を受けてきたが、彼らが一様に打ち明けるのは、

「うちには頼りになる従業員がいないんですよ。優秀な人が来てくれたらいいんですけれどねえ」

という悩みであった。

しかし、よくよく考えれば、中小企業に優秀な人材が来る道理など、あろうはずがない。優秀な人材は学校を出ると即、大企業へ行く。中小企業に来るのは優秀ではない人か、あるいはどこかに問題のある人しか来ない。たまに優秀な人が入ってきても、才能と能力のある人はたいてい、仕事を覚えると独立していく。しかも、他の従業員を引き連れて独立するなんていうこともある。また、寝首を

かかれることだってある。

いずれにしても、優秀な従業員はまず入ってくることはないし、入ってきても長く居つくことはない。

中小企業に入ってくる人材をランク分けすると、やや問題あり、かなり問題あり、非常に問題あり、信じられないくらい問題が多い、の四ランクである。これが一般的だ。もちろん、中には優秀な人材に恵まれている企業もあるだろうが、中小企業の人材はどこか問題があるのがふつうだ。

だから、自分の会社にはいい人材がいないだの、従業員の質が低いだのと嘆いたりしないこと。たとえ思っていても絶対に口に出さないこと。もちろん、会社が成長すれば、それにつれていい人材も集まってくるかもしれないが、創業時は九十五パーセント以上、社長個人の才覚、商売の才覚でやっていくしかない。だから、従業員の質がどうのこうのと考えないことである。

従業員はお水を汲むだけでいい、というくらいの覚悟が必要だ。

電話で「はい、もしもし。いま社長に代わります」

それだけできれば十分である。あとは全部社長がやるべきである。

中には「このままじゃ、とうてい世間様ではやっていけないだろうなあ」という人もいる。そこを温かく迎え入れてやるのが、中小企業経営者の「腹」というものである。長い目でみてやれば、本人だって「やっぱり、ここ以外では働けないだろうなあ」という自覚を持つものだ。社長もそう思っている。お互いがそう思いながら五年、一〇年たつと、どんなに質の低い社員でも仕事を覚えていく。そこを信じて、このレベルからスタートしないと、とても中小企業というのはやっていけるものではない。

掘り出し物はそこにいる！

中小企業でも、応募や紹介で来た中から、選択できることもある。一人ほしいところに三人来た。どれも大したことはない。大したことはない人たちだが、とにかく人手が要るから一人選ばなくてはならない。さて、どれを入れようか。

そんなときに役立つのが、これから説明する「掘り出し物の発掘方法」、すなわち従業員の選び方である。と言っても、中小企業は大会社と違うのだから、当然、従業員選びのコツも、大企業のそれとはまったく違う。優秀な人材の中から選ぶ方法などではない。レベルの低い人材の中から掘り出し物をどうやって発掘するか、これが中小企業の場合には大切で、その一つの方法を紹介しようと思うわけだ。

その方法とはほかでもない、私自身がふだんから心がけていること、つまり、典型的な中小企業における掘り出し物発掘法である。

私のところの若手社員にS君とN君というのがいる。

S君は兵庫高校を卒業後、しばらく実家の饅頭屋で働いたあと、いまでは私のグループで幹部職員として働いている。文章を書かせれば立派な文章を書くし、仕事をやらせればそつなくこなすという、なかなかに優秀な人材である。しかしそのS君、組織における命令系統というものがわかっていなかった。饅頭屋というのは言われたことをその場その場でやる仕事だから、組織の中での経験がなかったのだ。それでも、それは何回も訓練していくうちにやがて覚えた。

一方、N君は北海道出身。お父さんは大工である。

お父さんは家業の大工を継がせたかったのだが、N君はそれを嫌って東京に飛び出し、アルバイトをしながらカメラの専門学校に通っていた。しかし、カメラの専門学校を出れば必ずカメラマンになれるかというと、世の中それほど甘くはない。ご多分に漏れず、N君が就職した先は、都内のとある電器屋さん。そこの見習いをすることになった。その後、客が一日に五～六人しか来ない新小岩の喫茶店の店長を経験し、さらにその後、煎餅屋の配送をしていた。

そうして、二十七歳のときに私のところへやってきたのだが、いろんな職業を経験しているものだから、まことに重宝な面もある。電気器具が故障するとパッパッパッと直してしまう。来客があると喫茶店の店長経験を生かして、コーヒー、紅茶やジュースをサッとつくってしまう。

しかしこのN君、礼儀というものをまったく知らない。そのうえ教養もなく、およそ口のきき方を知らない。仕事も、お茶汲み、電話番、コピー取りといった、新入社員がする仕事しかしないうえに、新入社員がコピーを取りにいくと、やたら気安く声をかける。

「Nさんの前だとコピーしにくいんです。話しかけられて仕事が進みません」

とにかく苦情が絶えない。そこで私は、N君をつかまえて、こうアドバイスした。

「ねえN君。君が一生懸命やっているのはわかるんだけれどねえ、新入社員のするようなことばかりやっていてはだめだよ。男ってのは、最終的には会社でも組織でも、頂上を究めようという気概を持たなくちゃ。

会社でいう専務取締役以上になろうと思ったら、財務がわかっていなきゃいけない。財務がわからないと、専務取締役にはなれないいんだ、ふつうは。だから君、授業料を出してやるから、経理学校に行って経理の勉強をしなさい。簿記二級を取ること。そうしたら、組織の中枢が理解できるようになる」

「はい」

「N君、自分の金で経理学校に行くのと、公費で行くのと、違いがわかる？」

「はい、あの、自分で行くときには身が入るけど、公費のときは……」

「そんなことはない。両方とも身を入れないといけないいんだ。公費で行こうが私費で行こうが、行くチャンスに恵まれた以上、それだけ頑張って、必ず合格しなければいけないいんだ！」

「はい、わかりました」

「で、私費で行くのと公費で行くのとの違いは？」

「はい、必ず通らないといけません」

「そう、そのとおり！　六ヵ月で取るんだ！」

N君は中野の経理学校に通い、六ヵ月で簿記二級を取った。

「N君、よくやった。よし、今度は簿記一級だ。簿記一級をめざして頑張れ！」

ところがである。あるときのこと、私がN君の仕事部屋をガラッと開けたら、N君が椅子のうえに足を乗せて週刊誌を読んでいるではないか。

「N君、簿記一級の試験の傾向、最近変わったんだね。週刊誌の論旨要約が出るの？」

「いえ、出ませんけども……」

「君、勉強しているんじゃなかったの？　あ、こんなとこから試験出るの？」

「出ません、出ません」

「じゃ何やっているの？　仕事を免除して勉強の時間を与えたからといって、真っ昼間から椅子に足上げて週刊誌を読んでいるとは何ごとだ！　もう簿記は二級でよろしい。一級を勉強する資格はなし！」

N君に限らず、ちょっとうまくいくと調子に乗ったり、怠慢になったりするのは、とにかく学問がないせいである。学問の裏づけのない人は顔に締まりがない。もちろんN君の顔もたるみきっている。そこで、

「N君、鏡を見てごらん。自分の顔がばかそうに見えるだろう。みんなそう言っている。顔が引き締まらないのは、きちんとした古典に書かれている素晴らしい言葉、深い知恵の文章がインプットされてないからなんだ。君は、大工の跡取りが嫌だから飛び出してきたんだろう。だったら、もっと勉強しなさい。まずは『論語』から読みなさい」

と、新たな課題を課した。それからしばらくして、社内で顔を合わせた際にN君に尋ねた。

「『論語』、どうだった？」

「『論語』はですね、ああでこうで」

と、いろいろと感想を語ってくれたのだが、ことごとくポイントが外れている。

「おい、待て。他の人の前でそんなこと言うんじゃないよ。本の最後に解説があ

るだろう。あれをまず読みなさい。解説を読んで、なるほどそうなのかとわかったような気分になって、それから本文を読めばいい。君が読んだところで、解説に書いてある以上に理解できるはずがない。論語を読んでどうだったかと人に聞かれたら、解説のところに書いてあるようなことを答えればいい」

「はい」

それが何冊も何冊もつづいた。そして、十冊近くになってくると、

「N君、いま何を読んでいるの？」

「いまは『易経』を読んでいます。『易経』はこういうところがいいと思います」

「おっ、なかなかいいこと言うじゃないか。感心、感心」

てなことになってきた。さらに四年、五年とそれを続けていくうちに、次第に文章が書けるようになり、ものの理解力ができてきた。その昔に比べれば、顔も本当に賢そうに見えるから、学問の力というのは凄いものである。

饅頭屋だったS君も同じである。初めて会ったときに、

「一日三時間、最低でも三〇分、毎日読書しろ。活字力、理解力、読解力がなければ、饅頭屋を続けても、饅頭屋チェーンを出すことすらできないのだ」

とアドバイスした。それを彼はずっと忠実に守った結果、いまでは私のグループの重要な職責を任されている。

ほかにも掘り出し物はいた。A君という美容師だった男の子である。二十二歳で私のところにやってきたときには、大したことはなかったが、勉強するようにとアドバイスしてからというもの、メキメキと頭角を現すようになり、二十五歳になるころには〝できる社員〟の部類に入るようになった。

もちろん、そういうふうに仕向けてもだめな人もいる。だが、ここに挙げた掘り出し物諸君はいま、私のグループの幹部職員になっており、取締役になっている。

この諸君に共通したポイントは何かというと、全員、気のきく子だということである。気がきいて、何でもすぐに実践する。そういうタイプの若い人間だったら、活字訓練をして読解力ができてくると、仕事ができるようになる。頭の動かし方がわからなかっただけなのだ。勉強し始めると、知恵をどう使ったらいいのかがわかるようになり、さらに気をきかすから、どんどん伸びていく。

じつは、学校の成績も大半は気のきかし方にかかっている。中学卒業まで成績の悪かった子でも、あるふとしたきっかけで頭の使い方を理解し、ぐんぐん成績が伸びる子もいるのだ。教育とはそこが大切なのである。

そういう掘り出し物を発掘するのは、じつに楽しみである。

掘り出し物とは反対に、有名な学校を出た子でも全然役に立たない子がいる。

「君、学校で何してたの？」

「勉強してました」

「勉強って、何の勉強？」

「授業でやること、教科書に書かれていることです」

たしかに、学校ではそれなりに一生懸命、勉強していたようだ。しかし、仕事をさせると何もできない。S君やN君と違って、気が回らないからだ。だから書類整理をさせるだけ、要約をさせるだけである。

この手の人材は、どこの会社に行ってもだめだろう。とくに、理屈よりも先に実践することが求められる中小企業では、気働きのない人材は箸にも棒にもかからない。それどころか、学校を出て余計な頭脳が発達している分、かえって恐いものがある。

私は、そういう従業員を何人も抱えている。そのうちの一人、M君の話を紹介しよう。M君は私と同じ同志社大学経済学部卒。金融論を専攻、簿記一級を持っている御仁であり、私が経営する予備校では経理を担当していた。

あるとき、予備校の夏季講習で、上智大学のキャンパスを借りたことがある。上智大学は有料でキャンパスを貸してくれるのだ。もちろんそのときも、上智大学から「今月末までに使用料金をお支払いください」という電話がかかってきた。

「おいM君、今月末までに上智大学の使用料を振り込んでくれ」

「はい、わかりました。これからすぐ振り込みます」

私はてっきり、振り込んだものと思っていた。ところが、それから一年半後、上智大学からものすごい怒りの電話がかかってきたのだ。

「いろいろな予備校に貸していますけど、一年半も振り込まずにのうのうとしている学校はお宅がはじめてです。もう二度と貸しません」

えらい剣幕に、しばしポカーンとするばかりであった。

「え？　そんなはずはない。払ったはずだ」

で、M君に問いただした。

「おい、あのとき確かに払っておきますと言ったよな、どうなっているんだ?」

「まだ払っていません」

「払ってない? どうして払わないんだ?」

「振り込もうと思って上智大学に電話したら、『ああ、いつでも結構ですから』とおっしゃったんで……」

「いつでも結構ですと言われても、限度というものがあるじゃないか」

「いや、その後とくに払ってくれとも言いませんので」

「相手は大学なんだよ」

「いや、いつでもいいとおっしゃったので」

「いつでもいいって言ったら、一年でも二年でも払わないのか?」

「忘れてました」

「忘れた? なぜ忘れたんだ?」

「単純にただ忘却と言うか、忘れただけでございます」

こういう恐ろしいばかりのことが、創業以来、何度も何度もあったのだ。言えばきりがないほどだが、そんなことがあればあるほど、その分、こちらも直感力が磨かれる。朝、食事をしているときに、何か恐いものをピーンと感じて、ひょっとしてと電話をかけたら、危機一髪ということもよくあった。本当に直感力が磨かれる。

なぜそうなるかと言えば、前述したように、M君は気がきかないのだ。そこが、掘り出し物とそうでない子との違いである。

では掘り出し物クンはどうやって探せばいいのだろうか。「掘り出し物」クンを分析していったら、結局、高校生活に大きく関連していることがわかった。

「掘り出し物」クンはこうやって探せ

われわれは年に数回、何千人という規模のイベントを行なう。これを運営するためにプロジェクトチームを組んだりするのだが、最初のころは運営のやり方を誰も何も知らないので、私が手取り足取り一から教えなければならなかった。何しろ運営スタッフと言えば、ギタリストに手相家、図面書きが本職である。だから、段取りや準備のやり方のすべてを私が教えるほかなかった。

と言っても、私はイベントの専門家ではない。にもかかわらず、イベントのやり方に通じているのは、過去にそういったイベントや予備校の合宿を企画してきた経験があるからだ。予備校の合宿というのはそれまであまりなかったが、思いきってやったら成功し、その後、どこの予備校でもやるようになった。

それだけ大きな規模、何千人という人を動かす術をいったいどこで覚えたかと言うと、じつは高校時代である。

高校に入った、その年のことだ。生徒会の選挙があった。同級生にMさんという賢くてかわいい女の子がいて、生徒会選挙には彼女が立候補することになっていた。なのに、なぜか急に取り止めてしまった。立候補者がいなくなってしまったのだ。困ったのは選挙管理委員の子である。立候補者不在という事態に頭を抱え込んだ選挙管理委員会は、体育の時間、校庭に集合したわれわれに切々と訴えた。

「立候補する人がいないと困るんです。クラスから一人立候補してください」

その子の懇願を聞いているうちに、全然その気持ちがなかったのに、

「手を上げろ！」

という声が腹の奥からグワーッと湧いてきた。そこで、グーッと腹を抱えて〝いや、そんなことを言うな〟と抑え込んでいた。

「何、うずくまっているの？」

隣の人が不思議そうに言った。

「いや、ちょっと」

私はただごまかすしかなかったが、その間にも、選挙管理委員会の人は大声を張り上げている。

「立候補する人はいないんですか」

私はうつ伏せになって、腹を抑え込んでいたが、無意識のうちに大きな声が出てしまった。

「はいっ、ぼくが立候補します！」

(そんなばかなことを）と考えているのだが、手だけは勝手に上がっているのだ。

結局、高一で行事委員長をやることになった。

その高校では、一年に一回の文化祭のときに、ファイヤーラリーというのをやることになっていた。ところが、いつも時間や運営やタイミングがバラバラで、うまくいかなかった。二〇〇〇人ほどの生徒をまとめきれなかったのだ。

それが、前年からはうまくいくようになった。成功した理由は、前々年から計画書と反省書をきちんと書き始めたこと。リーダーはこれ、音楽係はこれ、材料係はこれ、生徒誘導係はこれ、門番はこれ、火を灯す人はこれ、道具係はこれと、何十項目というスケジュールを一枚の紙にして、秒単位で細かく計画書をつくったのだ。

その計画書と反省書を残しておけば、次の年にはそれをヒントに、進行を改善することができる。それまでは先輩たちが記録を残さなかったために、手順が継承されなかった。そのことに気がついて、前の前の生徒会長から記録を残しはじめ、前の生徒会長で、初めて大成功したのだ。

その行事の責任者である私は、まだ身長が一四一センチの高一だった。先輩からは叱られ、モタモタ、ウロウロしながらも、一つずつ覚えていった。それが、イベント管理の始めである。

私の高校時代の思い出というと、生徒会だ。選挙管理委員長になったり、何とか委員長になったり、生徒会のことばかりやっていた。二年生のときには、生徒会の委員を四つも兼任していた。そのうえ、書道部の部長もやりと、超多忙を極めていた。当然、勉強なんかできるはずもない。

二年生の一番最後に模擬テストがあって、すべての成績順位が実名入りで発表された。それまでは学校もそういうことはしなかったのだが、生徒を励ましハッパをかける意味で、実名入りで発表したのだ。そのときは四五〇人中、四二五番。真ん中くらいの成績で入学したのが、急降下である。

高三になって、さあこれから勉強だというときにも生徒会のことをやっていたのだが、一つに絞った。そうしたら、模擬テストのたびに一五〇番ずつ上がってゆき、結局、五〇番くらいで卒業できた。

中学、高校時代に、机に座って勉強ばかりしていた人は、成績もよく、一流大学に行けたかもしれない。けれど、その時代にクラスの委員だとか、クラブのお世話係だとか、生徒会だとか、何かしら勉強以外の活動、体を動かす運営などをやらなかった人は、社会に出ても、会社に入っても仕事ができない。必ずしも断定はできないが、十中八九、そう考えて間違いないと思う。

「掘り出し物」クンを見分けるコツ

高校時代に、私が行事委員長となってファイヤーラリーをマネジメントし、二〇〇〇人の人を動かした経験があったからこそ、私たちがいま主催している大きなイベントも成功しているのである。

そう言えば、ロイヤルアルバートホールでコンサートを開き、羽織袴を着て、八つ墓村かマンガ『嗚呼!?花の応援団』みたいな応援団長をやったこともある。このチャリティコンサートには世界の一流ミュージシャンが集まったが、そこでの私のパフォーマンスのルーツは、私の中学時代にあるのである。

中一、中二、中三と応援団をやって、中三のときには応援団長だったのだ。応援団長の身長が一四一センチ、副団長が一七六センチ。その代わり「フレー、フレー」という私のボーイソプラノの声は、甲子園球場の隅々まで届いた。

余談ながら、毎年甲子園球場で行われる西宮中学校連合体育会の歌は、「みんな集まろう、グランドに、楽しい子どもの体育会、青い空には白い雲、手足を伸ばし一、二、三。明るい子どもの西宮」

という歌なのだが、いまでも覚えている。小学校の校歌、中学校の校歌、高校の校歌とともよく覚えているが、これは応援団をやっていたおかげである。

小さな応援団長だったが、一生懸命お世話していた。どうすれば応援できるんだろうかと考えていた。

話は戻るが、そういうふうにクラブ活動だとかクラス委員とか生徒会をよくやって、そのために大学には行かなかったとか、行っても二部だったとか、あるいは何回聞いても覚えられないような名前の大学だったとか、そういう人材が中小企業の狙い目である。

中堅大学とか、その下の、世に言う三流大学、四流大学、あるいは二流大学の二部、一流大学の中退、そういう人はあまり大企業には行けない。二流大学の中退とか、三流大学の大学院崩れという変化球も中にはあるが、要するに、そういう人たちが中小企業にやってくるのである。

そういう人たちの中から「掘り出し物」クンを拾いだすコツは、一流大学になぜ行けなかったのかを聞いてみることである。

高校三年生まで文化祭の委員をしていたとか、一生懸命クラブのためにやってきたとか、生徒会をやってきたがために大した大学に行けなかったとか、専門学校に行ったという人は掘り出し物である。

そういう人に実務をやらせたら、てきぱきと仕事をこなすだろう。仕事の段取りもできれば、責任ということも理解している。そのうえチームワークを大切にすることも知っている。実務能力に優れた人材であろう。

風紀委員、美化委員、給食委員、体育委員、文化祭実行委員、いろいろな委員がある。受験勉強にだけ励む他の生徒に「ワーッ」と拍手されたり「やれよ、やれよ」とそそのかされて、嫌と言えない性格、私はその典型だが、頼まれれば、

「嫌と言えないこの性格が、ぼくの不幸の始まりだ」

と言いながら、またしてもやってしまう。

そういう性格の人間は、目下から頼まれたり、目上の人から責任を持たされて「やりなさい」と言われたら、最後までやり遂げることのできる人間なのである。学歴はないかもしれないし、途中でだめになるかもしれないけれど、そういう人間を抜擢して、励まして、何か仕事上の責任を与えると、めきめきと実務処理能力が伸びていくものである。

学校の成績だとか学力なんて、勉強の仕方、頭の動かし方がわからなかっただけのことで、そんなものは、先のS君やN君のように、少しでも活字が読めるような方向へ持っていってやれば取り返せる。「一緒に勉強しようや」でもいい。運営とか組織とかチームワークとか、もっと大事な頭が働いているし、体も動くので、必ず伸びていくはずである。

反対に、きちんとした大学を出ているのに、中学高校時代に勉強ばかりしていた人には、頭では理解できるものの、いざ仕事となると何にもできないという人が多い。これはもう、何かが欠落した人間である。

そんな人間が一流会社ではねのけられて、流れ流れて中小企業にやってくる。そのときに、いい学校を出ているからと雇ってしまうと、大変な目に遭う。専門学校出の、気のきく子のほうが、よほどいい。

中小企業の力となり、将来の幹部となり、取締役となり、後継者になれるような要素は、高校時代に培われるのだ。高校で冴えなかった人というのは、だいたい、人生そのものが冴えない。

と言うのも、だいたい十五歳前後に自我の目覚めがあるからだ。十二、十三はまだ子ども。十四、十五くらいで自我の目覚めが出てくる。高校の一、二年くらいが最後の反抗期。体も発達して、記憶力も一番いいときである。悩みがちな青春時代の幕開けだ。

「十五　十六　十七と　私の人生　暗かった」

『圭子の夢は夜ひらく』なんて歌、若い人は全然知らないだろうが、「自分は一体何なんだろうか」と、何か物憂い時期である。物憂いけれども、何かが生み出されてくる。まさに自我の目覚めのときであり、自我の目覚めとともに、人格が形成される時期でもある。その時期にボーッと過ごした人というのは、一生ボーッとした人生で終わるだろう。この人格形成期に、生徒会委員だとか、クラブの部長だとか、ボランティアで頑張ったとか、ボーイスカウトでリーダーになったという人は、そういう人格ができ上がる。つまり、仕事がよくできる、手早い、段取りができるという、実社会で必要な能力が養われるのだ。

ここを見ていけば、掘り出し物の発掘が可能になる。

「高校時代は？」

「はい、暴走族をやっていました」

暴走族でもリーダーならいい。

「仲間を束ねて、殴り合いをして、負けて、今度はどうやったら勝てるかと考えて、次には技術開発をして勝ちました」

暴走族出身と言えば、私たちのグループにもE君というのがいるが、違法さえ犯さなければ大いに結構だと思う。

暴走族だろうが何だろうが、人の下で文句ばかり言う人間ではだめだ。暴走族だったと言うのなら、どういう暴走族だったのか、暴走族の中での人となりを突っ込んで聞いてみるといい。そこに、リーダーシップを持ったり、責任を持ったり、チームワークを持ったりして、頑張ってきた、自分のことよりもみんなのことを先に考えてやってきたという、実行の足跡のある人ならば、その人は絶対に、掘り出し物に違いない。

人格形成期にそこが空虚だった人は、学歴だけは立派、頭はいいかもしれないけれど、実際に使ってみたら役に立たないということになる。

もっとも、高校時代に勉強だけ、勉強さえすればいいと考えて勉強した人はまだましかもしれない。その勉強さえもせずに、本当に何もしなかった人間、これはいただけない。そういう人なら採用を控えたほうが賢明だ。

こういう手合いをBCマンという。すなわち紀元前の人である。

ADマンとBCマン。BCマンは論外として、ADマンから選ぶポイントが高校生活である。高校生活もできていて、なおかつ大学もきちんと出てきた人というのは、本当にリーダーシップもあり、組織の中で活躍でき、段取りもできて、そのうえ頭がよく、理解力があって伸びていく。そういう人間が、やはり、大企業でも中堅企業でも、トップに立っていく人である。

後継者はこうして育てる

私たちのスタッフに帰国子女が何人かいる。

経営者として彼女たちを見ていると、日本の教育というのは、欧米に比べてまだましだと思えてくる。

彼女たちに聞いたところでは、オーストラリアとかアメリカでは、いわゆるクラスというのは、出席を取ったら十五分間くらいで終了して、あとの授業は、それぞれの科目の教室でやるのだそうだ。日本のような風紀委員だとか給食委員、美化委員、あるいは文化祭の実行委員とか体育祭の実行委員とか、そういった集団生活をリードする役割というのはないらしい。

生徒はみんな、それぞれ個別に先生とのつながりでやっている。友達同士が集まってパーティをしたりはするが、それも個人的な関係で、集団生活とは関係がない。唯一、集団的な活動はスポーツクラブである。スポーツクラブのキャプテンになれば、人を束ねたりする中で、責任感とかリーダーシップとか、そういったものを身につけることができるのだろうが、それ以外、基本的には、学校の中にそういうシステムはない。

そのせいか、帰国子女は、個別に言われたこと、命じられたこと自体はできるのだが、全体として仕事を把握する能力に欠けているケースが多い。チームワークを保つ能力がなかったり、命令系統の中でどういうふうにしていけばいいかがわからないのだ。

中にはできる人もいるが、そういう人はたいてい、家庭でしつけられたり、体育系のクラブ活動を運営した経験を持っていたりする。つまり、学校以外のどこかで、チームワークとか組織の学習をしているわけである。

欧米諸国では、日本と比べて、そうした学校教育が足りていないのは事実であろう。日本でも、そういった面での学校教育が足りないと言われてはいるが、欧米やアジア各国に比べれば立派なものである。

男性でも女性でも、日本国民の大多数はそういう教育を受けた人たちである。その中でも、高校時代にきちんとやった人は、会社とかチーム、組織の中で、かちっとした組織力、チームワーク、会社人としての素質、才能、能力を身につけている。これが日本の教育のいいところだと、私は思う。

中小企業のオーナーはとかく後継者問題に悩みがちである。しかし、悩む必要はない。日本の教育のいいところをフル活用すれば、自然と後継者は育ってくるのだ。

「お前にはちゃんとした一流大学に行かせたい。だから、他のことは考えなくてもいい。とにかく勉強せい、勉強せい」

と勉強させて一流大学を出ても、いざ自分の会社の後を継がせたら全然だめだった、というケースをよく耳にする。なぜ、期待したとおりに育たないのか。それは、高校時代を怠けたままに過ごしたからである。

中小企業のトップに求められる人物像とは、どのようなものだろうか。自分自身を振り返ればよくわかるはずである。もちろん、知識力も分析力もある明晰な頭脳も必要だが、それよりも大切なのは強力なリーダーシップである。

「従業員、それーっ、三々七拍子で行こう」

といった、応援団長のような力強さと指導力。これが中小企業のトップに求められる第一の要件なのだ。だから、自分の息子を育てるに当たって「勉強しなさい」と叱咤するのも必要だろうが、

「クラスの委員をやりなさい」

「クラブに入って最後までやめず、キャプテンになってチームワークやリーダーシップを学びなさい」

「生徒会に立候補しなさい」

「応援団に入って、応援団長になって、みんなを励まし引っ張っていくような人間になりなさい」

と言うことのほうが大切なのだ。

組織運営していく能力や人格を身につけるためには、結局のところ、中学時代、高校時代に生徒会の委員を務めるか、運動クラブをやるか、クラブでもお世話係を率先してやったほうがずっと役に立つ。会計係でもいいし、書記でも、雑用係でも何でもいい。生徒会をどう運営するのか、文化祭をどうするのか、体育祭をどうするのかと考える癖をつける。ああでもない、こうでもないと企画立案し、運営し、実行し、そして後片付けをする能力を身につける。

これこそが、会社経営の勉強である。

そういうことを、中学、高校時代に、親がチェックして経験させてやらないといけない。組織力やチームワークの学習ができていたら、たとえ紆余曲折があったとしても、必ずいい経営者になることができるのだ。

高卒の巨匠たち

ＦＭ山口、ＦＭ山陰、ＦＭ沖縄、ＦＭ三重、ＫＩＳＳ・ＦＭ（神戸）、ＦＭ石川、ＦＭ富士、ＦＭ岩手でネットされ、かつて放送されていた私の番組『さわやかTHIS WAY』のゲストに、あるデザイン事務所の社長がやってきた。

どういう人かというと、JR九州の列車のデザイナーとしていま一番話題を呼んでいる人、JR九州の列車を真っ赤にしたので有名な人である。JR九州の列車は、「昆虫みたい」「ダース・ベイダーの部下みたい」と、大変な評判である。『スター・ウォーズ』に出てくる悪役がダース・ベイダーだが、その部下がメタリックなマスクをしている。そんな印象の列車だ。

列車内の椅子も形が変わっていて、赤やブルーや緑を使った色彩豊かなものである。そんな椅子がいくつもいくつも並んでいて、子どもたちはみんな、これに乗りたがるそうである。列車の中には展望台のようなものもあり、そこでビールを飲みながら車外の風景を堪能することもできる。とても楽しい列車だ。

列車のウェイトレスの制服やウェイトレスが運ぶ台車も、その人のデザインだ。それだけではない。九州と韓国を往復するJR九州の高速船のデザインも担当しており、いまはJR九州の駅舎のデザインにも着手している。そのうちに都市のデザインもするんじゃないかと言われている。それほどの有名人なのだ。

一体どんな方なんだろうかと、興味津々、お目にかかったら、『銀河鉄道99

9』の鉄郎にそっくりだった。鉄郎が眼鏡をかけていると思えば間違いない。さらに言えば、松本零士さんの漫画『男おいどん』に出てくる主人公の顔そのままである。

「列車のデザインをするだけに『銀河鉄道999』の鉄郎そっくりですね」

「そうですかあ」

と笑った顔が、まさにそっくり。

「あのJR九州の列車、きれいな金赤を使っていらっしゃいますね」

業界用語で金赤という色なのだが、それを指摘すると、向こうが驚いた。

「業界用語をよくご存じですね」

「私も文房具メーカーをやっていましたので」

「文房具屋もやっていらしたんですか、ラジオ以外に」

「いろいろやってまして」

金赤はイタリアンレッドといって、赤の下に少し黒が入っている。イタリアの赤といえばフェラーリが有名だが、下地に少し黒を引いて、その上に赤を塗る。あるいは赤の中に少し黒を入れる。すると、おしゃれな赤になる。見たところシックなのだが、遠くから見ると「真っ赤」という色。それが金赤である。ついでにもう少し色の話をすると、イタリアのホワイトというのは、ふつうのホワイトではなく、ホワイトの下にうっすらとブルーが引いてある。また白の中に少しブルーを入れてある。すると、いかにもおしゃれな感じの白になる。それがイタリアンホワイトである。

色の専門家でもない私がなぜそんなことを知っているかというと、かつて時計のデザインをしていたとき、イタリア帰りのデザイナーにいろいろと聞いて勉強したのだ。そして、時計とともに文房具を開発・デザインして、問屋に卸していたこともあったのである。そういう話をしたら、非常に驚いた様子だった。

「なぜそこまでご存じなんですか。デザイン方面の方なんですか」

「デザインと言っても人生をデザインしています」

その人がJR九州の列車をデザインした結果、乗客が一五〇パーセント増えたそうである。「スピードが必要な人には新幹線がある。もっと早いのは飛行機。ローカルな列車は速度を求められているわけではない」という考え方で、遊び感覚でデザインしたのだという。

そもそもの始まりは、しばらく前に、列車の改装を頼まれたことにあるという。そのときは列車を真っ白に塗ってしまった。真っ白の列車というのは、それまでなかったらしく、提案したときには反対された。そこで、

「なぜ白じゃだめなんですか。イタリアでは列車は白と決まっていますよ」

と、一つひとつ理論的に検証していくと、要は、ただ根拠もなく昔からそうしているだけだということがわかった。

「白でだめという理由がないのなら、いいじゃないですか。目立ちますよ。白は森の緑に美しく映えますよ」

ということで、思い切ってやったら大評判。いまでは白の電車がいくつもできたらしい。それじゃあと、今度はＪＲの船のデザインを頼まれ、さらに新しい列車のデザインを頼まれ、さらにそれが評判いいからと、ついには駅のデザインを頼まれて、デザイナーとしては大成功を収めている。

「プレゼンテーションしたら聞いてくれたんですが、実行してくれたＪＲも偉い」

と言っていた。私はＪＲを民営化した中曾根康弘首相（当時）が偉いんじゃな

いかと思う。民営化なくして、ＪＲ九州のこの決断はあり得なかっただろう。しかし、もっと偉いのは、やはりデザイナーである。「こうだ」と思い込んでいる人に、「別にそれじゃなくてもいいんじゃないか」と、納得させるだけの説得力があったわけだから。

ちなみに、その人は大学を出ていない。実家は岡山の家具屋である。お父さんの手伝いをして、小さいころから家具の設計をしていたらしい。箪笥とか椅子、家具の製造をしていたのだから、列車の中のインテリアがわかっても不思議はないが、列車のデザインに関してはまったくの素人だった。しかし、とにかく自分の感覚で論理的に提案してみたという。だめだと言われても、なぜだめなんですかと、とことん追究していったのだ。

その発想のもとになったのは何だろうかと尋ねたら、何とイタリアという答えが返ってきた。

家業のプラスにしようと考えたのか、あるとき親が、

「お前、イタリアへ行ってこい」

と言ってきた。その命令どおりイタリアへ行って、一年半、ミラノでブラブラ

遊んでいたのだそうだ。いや、ただブラブラしていたのではなく、もともと絵が好きだったので、ミケランジェロやダ・ヴィンチを観て回っていたのだという。ミケランジェロは、日本ではヴァチカン宮殿の『最後の審判』で有名だが、そもそもは彫刻家である。画家というよりむしろ、ダ・ヴィンチと同じく領域のない芸術家である。

「『最後の審判』を描かなければ、家族の命は保障できない。ちゃんと描いたら、家族の安全は保障する」

と、家族を人質にとられて無理やり描かされたのが『最後の審判』だ。ミケランジェロの実像は、絵も描き、彫刻も彫り、サンピエトロ大聖堂の設計もすれば洋服のデザインもするという、マルチデザイナーなのである。

そんなミケランジェロを、中途半端に芸術大学で勉強をした人は、偉い人なんだ、天才なんだと思い込んでしまう。その結果、ミケランジェロの一部分の模倣で終わってしまう。そこが、このデザイナーと最も違うところである。

領域のないミケランジェロのやり方を「そういうもんかいな」と見て、「そういうやり方もあるもんだ」と思って、かえって自信を得て、ミケランジェロのやり方をそのまま応用した。その結果、前例のないことでも次々と提案して、斬新なものの考え方を盛り込んでいく。子どもやおとなや、乗客の気持ちになって考えた設計だから、じつによくできた楽しい設計である。

この方は、鉄道関係者の間では大変な有名人である。中途半端な大学を出ずに、一年半イタリアで勉強し、帰国後、デザイン事務所を興し、顧客の気持ちに立った仕事をして、大成功を収めている。

この人の成功から学ぶポイントが二つある。

一つは、どんどん提案したらいいということ。

きちんと文章を書いて、具体的な考えをどんどん提案したら、それを聞いてくれる人もいる。無理だ、不可能だと最初からあきらめないで、どんどんプレゼンテーションすることが大切だ。

二つめは、巨匠を模倣して、その人物になりきる、ということ。

中途半端に勉強した人は、巨匠を前にすると「凄い！　偉い！」と萎縮して、思考停止に陥ってしまう。自分とは異質の、とても太刀打ちできない天才だと思ってしまうのだ。しかし、子どもみたいな気持ちで「ミケランジェロ、ダ・ヴィンチもそうだったしなあ」と、自分もそういうふうになりきって次々挑戦していく。彼が列車のデザインから船のデザイン、駅舎のデザイン、ウェイトレスの制服まで、何でもできてしまうのは、そういう姿勢があるからだ。

番組の収録が終わったあと、彼がこう言った。

「じつはね、ぼくは大学を出ていないんですよ。実家が家具屋なもんですから、工業高校で工業デザインを勉強したんです」

私はこう答えた。

「それがいいんです。大学に行かずに成功した人はいくらもいます。たとえば」

と、高卒の巨匠論議になった。

たとえば、デザインの巨匠・横尾忠則さん。何回かお目にかかったが、横尾さんも高卒である。川西高校を出て、すぐにデザイン事務所に就職した。そして、仕事をする中で腕を磨いて次第に作品が認められるようになり、コンテストに入賞したりして、「横尾忠則」になったのだ。

横尾さんにうかがった話の中でとくに面白かったのは、油絵は面倒くさい、という話である。描くのが面倒なのではなくて、評論家が面倒なのだという。

「デザインの場合は、クライアントがOKと言えばそれでいいのだが、油絵になると評論家がいる。作品づくりは評論家の批評にたえるものじゃないといけないから、そこが難しい。面倒くさい」

と。もう一つ、横尾さんの作品には、徳用マッチのデザインみたいに、必ず黄色の光がピカーッと出ているのだが、そのことをこう言っていた。

「何の意味もないんです。何か知らないけどパッと黄色を入れているだけなんだ。そうすると、人は何か意味があるんじゃないかと思うでしょ。それがいいんですよ。見る人に考えさせようと思ったら、やる人は何も考えちゃいけない」

そんなふうにおっしゃる横尾忠則さんも大学を出ていない。

さらに故池田満寿夫さん。あの天下の池田満寿夫さんは、東京芸大を三回受験して失敗した。ふつうなら、「もうだめだ」と挫折してしまうところだが、池田さんはそこが違った。

「試験官とぼくとは考え方が合わないんだ」

と、明るく受け止め、挫折するどころかかえって自分の作品に自信を持って、その後も芸術をやり続けた。そして、ビエンナーレでみごとに入賞し、「池田満寿夫」になったのだ。

東京芸大を出た人はそれこそ掃いて捨てるほどいるが、版画の世界でも何でも、池田満寿夫さんみたいに売れた人はいない。活躍したのは美術の世界だけではない。芥川賞もとった高卒である。池田満寿夫さんに何回かお会いしたが、相手の何かを吸収する魔力を持っているような感じだった。

横尾忠則さんは本当に人柄のいい人だ。ピラミッドだ、霊界だとおっしゃるものだから、奇妙な目で見られているが、非常にいい方である。

「横尾忠則さんは憧れの巨匠です」

と、前出のデザイナー氏はおっしゃる。

「あなたと同じです。高校を出て、そのままデザイン事務所に行ったんですよ」

「池田満寿夫さんも、横尾さんもそうだったんですか」

「そうですよ。だから斬新な作品ができるんです。大学を出て、中途半端な知識があると、巨匠に恐れを抱くんですよ」

経営者で言えば、大会社に恐れを抱いてはいけない、ということ。自分は高卒だし、中小企業だし、なんて思ったら萎縮していい仕事ができなくなる。大成功もない。

会社の規模だとか自分の学歴だとか、そんな矮小なものは振り捨ててしまうことである。ド素人でもいい、伝統がなくてもいい、企業規模が小さくてもいい。とにかく自分自身を信じてどんどん提案し、割り込んでいって、仕事をもらう。仕事をもらったら寝る暇もないくらい全力を尽くす。才能とか能力とかいうものは、そうして夢中になってやっているときに自ずから磨かれるのである。

中小企業のデザイン事務所の成功の秘訣は、どんどんプレゼンテーションすることにある。コンテストに出さなければ入賞もない。芥川賞をもらおうと思ったところで、作品を発表しないことにはどうにもならない。

だから、どんどん応募する。発注者があれば、どんどん仕事も受ける。チャンスがあったら、それがどんなに大きな相手でも、既成概念にとらわれずに、積極果敢にトライをする。プレゼンテーションする。そうやっていかないと、新しいジャンルの開拓なんて、なかなかできるものではない。大きな会社、学歴優秀なビジネスマン、歴史と伝統のある会社に負けずに成功している人がたくさんいるのだから、大いに勇気を持って頑張る。大いに頑張って、トライアルに次ぐトライアル、挑戦に次ぐ挑戦で事業を発展させていきたいものである。

従業員六十人規模の会社の倒産率が一番高いわけ

人材不足、後継者問題と並んで、中小企業経営者の頭を悩ませる問題に、権限委譲の問題がある。自分の会社を小企業から中企業へ、中企業から大企業へとステップアップさせていくには、どうしても部下に権限を委譲しなければならないからだが、この権限委譲、下手にやればかえって企業の屋台骨を揺るがすことにもなりかねない。それだけに、権限委譲の問題はかなり微妙な要素を含んでいると言えよう。

ところで、商工リサーチのデータによると、従業員六十人前後の事業規模が最も倒産率が高い、とされている。小企業から中企業へと順調に発展してきて、従業員が六十人ぐらいになったときが一番危ないというのだ。なぜだろうか。その理由をちょっと考えてみよう。

たとえば、あなたの会社が従業員十人程度の規模の会社であるならば、おそらく、社長であるあなたの眼は会社の隅々まで行き渡っているはずだ。販売、財務から、従業員一人ひとりの学歴、能力、家族構成、趣味、特技や労務管理にいたるまで、ほとんど把握できているに違いない。

この章の冒頭でも述べたように、従業員が十人、二十人、三十人程度の企業規模の場合、社運の九十五パーセント以上は社長個人の事業センス、商売の才覚にかかっており、従業員は頼りにならないし頼りにすべきではない。極端な話、社員はお茶を汲むだけ、鍵をかけるだけ、車を運転するだけでいい。そう考えるべきだ。とにかく、社長の商売の才覚が九十五パーセント以上を占めており、社長に商売の才覚がなければ、たとえ二十人、三十人の小さな会社であっても、引っ張っていくことはできない。

だが、小は小なりの利点もある。小回りがきく、アフターサービスがいい、無理がきく、一般管理費がかからない分値段を安くできる、といった点は小規模の利点であり、大企業が真似できないところである。

ところが、従業員が六十人ぐらいになってくると、社長の眼が隅々まで行き届かなくなる。一人の経営者が管理できる人数は、六十人が一つの限度なのである。

そうすると、小回りやアフターサービスといった面で、大手のそれと大差がなくなってくる。というよりむしろ中途半端になってしまう。小回り、細やかさといった小企業の利点が消えてしまう。といって、大企業のようなスケールメリットもない。それがだいたい、従業員数六十人前後なのである。

社長の眼が届かなくなり、社長の才覚が末端まで行き届かなくなる規模。これが従業員数六十人であり、一番倒産率の高い、非常に危険な企業規模なのである。

小企業から中企業へ脱皮する秘訣

そこを越えて社員が二〇〇人ぐらいになると、中企業の部類に入ってきて、倒産する確率が小さくなる。では、六十人という危ないところを乗り越えて、二〇〇人の規模になるにはどうしたらいいのかというと、これまたとても難しい。

ただし、脱皮のためのポイントが一つある。社長に肩を並べるほどの商売の才覚があり、社長に匹敵する管理能力のある社員を一人獲得する、ということである。社長がワンマンであっても、六十人以上の人を引っ張っていくだけの副社長だとか、専務だとか、事業部長に当たる人がもう一人いると、単純計算で、倍の一二〇人までは大丈夫である。社長がまかなえるのは六十人まで。社長に匹敵する経営的センス、管理能力がある人に来てもらうとか、もともといるとか、あるいは育ってくれれば、一〇〇人、二〇〇人の会社へと脱皮が可能になるわけだ。

それを上手にやったのが松下幸之助である。松下幸之助は事業部制というのを採用して事業規模を拡大していったのだが、その事業部長制度は、松下幸之助が体が弱く、一人ずつに権限を委譲してやるほかないということで始まったもの。

事業部は一つの中小企業のように、事業部として独立採算で経営（運営）される。そこで管理費がいくら、売上がいくら、利益率がいくらとやっていく。そのうち、事業部長が一つの会社の経営までできるようになったら、はじめて、その事業部長を子会社の社長に抜擢する。要するに、二〇〇人規模の会社をまかなえるだけの番頭さんを、一人ずつ育てていったわけだ。

というより、松下電器には、それだけの管理能力がある人材がいた、ということであり、だからこそ事業部制も日の目を見たわけである。だが、せいぜい四十人か五十人規模の会社で、事業部制を真似して無闇やたらと幹部なり社員に権限を委譲すると、どういう結果を見るか。

「君たち、会社やりなさい」

「会社どうやってつくるんですか」

「いや、会社のつくり方という本があるよ。あるいは司法書士さん、行政書士さんとね、税理士さんに頼むと、できるよ会社は」

「はあ……」

「この本を読みたまえ」

「この漢字、どう読むんですか」

「辞書を引けばわかるよ」

「辞書ってどうやって引くんですか」

これは極端な話としても、小企業にはせいぜい、その程度の従業員しかいないはずである。

つまり、ものごとには順序というものがあるのだ。まず六十人の規模を達成し、それを越えて二〇〇人の規模になってはじめて権限の委譲をし、あるいは会社を任せるということができるわけで、社員が五人か六人、あるいは二十人か三十人しかいないような会社で社員に権限なんかを委譲したら、必ず会社は潰れる。その規模では、くどいようだが社長の商売の才覚が一番。社長の力でぐいぐいと突き進んでいくしかないのである。

権限委譲のふりをしろ

それでは、社員二十人か三十人の会社の場合は、権限の委譲はしなくていいのだろうか。これはもう、はっきり言って、

「無理して委譲しなくても、わしの目が黒いうちは大丈夫だあ」

という世界である。

中小の場合は、一にも二にも売上を上げていって、粗利がとれるような商売をしていかなくてはいけない。会社がジャンプできるか、ステップアップできるか、それはひとえに社長の実力と運次第である。その実力には、商売の才覚以外に、人を魅了してやまない人柄、キャラクターというものも含まれる。「桃李《とうり》言わざれども、下、自ずから蹊《みち》を成す」ほどの高潔さは必要ないだろうが、少なくとも

従業員の誰もが慕ってくるような人間性がなければ、次なるステップアップは難しいだろう。

ともかく、小企業では社長の実力がほとんどすべて。権限の委譲なんて考えるべきではない。

さりとて、十年一日のごとくワンマン体制でやっていたのでは、いつまでたっても従業員は育たない。何でもかんでも「わしの言うとおりにやれ！」では、イエスマンが増えるだけである。やはり、会社を大きくしようと思うなら、それなりに従業員に育ってもらわなければ困るのだが、それにはある程度、仕事を任せるとか権限を委譲するといったことが必要になってくる。だがしかし、能力も見識もない従業員に権限を委譲しようものなら、間違いなく会社は潰れる。

はてさて、一体どうしたものか。

小企業の経営者として頭を抱え込んでしまうところだが、一つだけいい方法がある。権限の委譲っぽいことをすればいいのだ。たとえば社員に命令をする場合も、はじめから命令するのではなく、社員の意見を聞いてやるのである。

「これに対して、君どう思う？」

「私はこう思います」

「うーん、それでもいいけれど、こういう場合はどうするんだ？」

「あ、そうですね」

もちろん、最初から結論は決まっている。決まってはいるけれど、一応、従業員の意見を聞けば、聞かれた従業員のほうでも真剣に考えるし、仕事に対する情熱や責任感をより深めるはずである。

企業を発展させるには権限の委譲が必要だと言われているが、従業員に考えさせるという話法から、権限の委譲を始めていくのが一番いいのではないかと私は思う。

そうやって積極性と責任感を植えつけていくうち、ときには仕事を任せることもあるかもしれない。ただしそのときには、必ずあとで社長自ら仕事の出来具合をチェックすること。これを忘れてはならない。

社長自らがやる仕事の完成度を一〇〇パーセントとするならば、社員に任せた場合のそれは七十パーセントでしかない。つまり、社員に頼んだら、必ず仕事のどこかが三十パーセントは欠落する。その欠落した三十パーセントは自分が責任を持ってチェックし、フォローする、と前もって頭に入れたうえで仕事を任せる。これが、従業員二十人、三十人規模の場合の、間違いのない任せ方である。

四十〜六十人なら、もっと欠落する割合が増える。したがって、より一層の配慮が求められる。本当にできているんだろうか、本当に数値が上がっているんだろうかと、つねに確認する。その確認を忘れると、会社としての信用を失うばかりか、任せた相手をもだめにしてしまう。

「お前には二度と任せられない！」

という叱責に、自信とやる気をなくす。よくある図である。

これでは任せすぎ、委譲しすぎである。私はこれを「異常なる委譲」と呼んでいる。任せすぎは大変危険である。

中小の場合は、部下に権限を委譲できないし、してはならない。これが基本である。会社の成長とともに、委譲しなければならない要素がどれだけ増えてきているのかということと、社員が育っているかということを、同時に見ていくよりほかに方法はない。

二〇〇人とか三〇〇人、さらに一〇〇〇人という規模になってくると、それだけの売上、収益、給料、知名度、規模が備わってくるから、徐々にいい社員も入ってくるだろう。しかし、売上も少なくて、社員は五～六人、社名も見たことも聞いたこともないような会社に募集で来るのは、問題の多い、質の低い人である。質の低い人に権限委譲なんかしたら、それは潰れるしかない。だから、権限の委譲は、会社が一定の規模になるまで待たなくてはいけない。

経営の本を読んで、権限の委譲が大事だと書いてあったからといって、「君たちに任せる」なんて言った日には、一ヵ月後に「君たちとともに倒産した」ということになる。中小企業の経営の実際は、なかなかセオリーどおりにはいかないものである。

古典を読んで人心掌握術を学べ

中小企業を経営していくうえで、一番重要なのはやはり社長の資質である。その資質を高めるにはやはり勉強が必要だ。社長たる者、せめて読書にいそしむくらいでなければいけない。その読書にしても、恋愛小説やＳＦというのではいただけない。少なくとも中国の古典、日本の古典、これを読むようにしたいものである。

中国の古典は、すべて為政者のために書かれたもの。まつりごとをする人、組織の上に立つ人を対象にした本だ。下っ端のために書かれたものではない。

そういう本を読んで、勉強することである。

そして、これはと思える従業員を、自分と同じだけの商売ができる人間へと少しずつ育てていく。子飼いの人間に育てる。あるいはまた「あなたとなら一緒に仕事をやってもいいですね」と意気投合し、肝胆相照らすような人に出会う。そうすれば、会社は大きくなっていく。

本田宗一郎氏と藤沢武夫氏の関係がそれだった。本田という技術者と、経営の上手な藤沢が組んではじめて、本田技研はあれだけの大企業にまで成長したのである。

そこができる社長でなくては、一定以上の規模にはならない。逆に言えば、二〇〇人の規模になっているとすれば、そこができているということでもある。そういう人物であれば、

「新しく事業部をつくるから、君、やりなさい」と任せることができるだろう。数名の社員しかいない企業では、そんなことはできない。しかし、本田宗一郎のような経営者になるんだと目標を持って、自分が学んでいくことが大切だ。とりあえず従業員数六十人規模をめざす。そして、ディスカッションができる、討論ができる、人の意見が聞ける自分をつくっていくと同時に、これはという部下に仕事を振っていく。振ったあとは自分がチェックする。それがある程度できれば、年々会社が大きくなるとともに、自分自身も三流から二流、二流から一流の経営者へと育っていく。

そのプロセスを抜きにして、一足飛びにものを考えたら危ない。そういう方向に行くんだなということがわかればいいことである。

温かい人間関係を大切に

厚生施設もない、それに、いつ潰れるかわからない危険性もある、というのが中小企業である。さらに中小企業は日曜祝日もちょっと忙しい。したがって、社員は自分の時間がなかなか持てない。公私混同の激しいのが中小企業である。

大企業の場合は、土日は絶対に出てこないし、祝日も休みだし有給休暇もたっぷり取ることができる。仕事が終わればそれで終わり。会社を出てからお客さんと遊びに行ったり、日曜日に仕事や接待をする人は、志ある人だけである。

中小企業の場合は、

「君、ちょっと大変なんだけど、来てもらえる？」

「はい、わかりました」

ということで、しょっちゅう駆り出されることになる。

それから、中小企業の場合、初任給が高くて上昇のカーブが緩やか。大企業の場合は、初任給は低いのだが、グワーンと急角度で給料は上昇していく。ではなぜ、人々は小さい会社にいて頑張るのか。

私の経験では、その理由はただ一つ。温かい人間関係である。

大企業の場合は、足の引っ張り合いがあったり、派閥闘争で蹴落とされたり、あるいはまた子会社へ冷ややかな左遷があったりする。そんなことが起きるのは、大企業だからである。それなりの社会的名誉も得られれば、それだけ大きな権力も手に入れられる。そこを巡って闘いがあるわけだ。

対して中小企業では、派閥闘争をしようにも、社長一人しかいないから派閥も成立しない。しかし、たとえ派閥がなくても、温かい人間関係がなければ、社員はすぐに辞めてしまうはずである。

公私混同にもなるだろう。厚生施設も整っていない。いつ倒産するかわからない。しかし、社長の温かい人間味と、温かい思いやりと、温かい雰囲気があって、居心地がいい。その人情の温かみだけでもっている場合がほとんどである。

中小企業は、その温かい人間関係がすべてである。

少人数だから出世が早いといっても、出世が早いから中小企業に居つくということはまずあり得ない。社長がやさしくて、温かい思いやりがある。そして温かい人間関係があれば、中小企業の社員は居つくものである。もしこれが冷たい人間関係だったら、ぷつんといなくなってしまう。

大企業との違いはこれしかない。「居心地がいい」これに尽きる。そして、温かい人間関係を築くには、温かさを感じさせる何か、しかも経費をかけずにすむ何かが必要である。それは、何と言っても言葉、もうこれしかない。

「ばか者、お前なんか死んじまえ」

なんて言っては、絶対にいけない。

「君のことを思って言う。本当は言いたくないんだけども、苦いことも言わなくちゃいけない。これもお父さんの愛だと思って聞いてくれ」

「遅刻は一時間以内にしてくれよな」

「早引きをするときは電話一本してくれよな。そうじゃないと、事故にでも遭ったのかと心配で、夜も眠れないじゃないか」

「はあ、すみませんでした」

同じ言うのでも、そういうふうに言う。経費はまったくかからない。それで、

「ああ、ぼくのことを思いやってくれているんだな」

と感じてもらえる。どんなに思いやっていても、言葉に出さなくてはわからない。夫婦や恋人の仲と同じことである。

従業員を引き止める言葉の力

言葉というのは経費がかからない。訪販で鍛えたセールスマンは、人を泣かせるツボを心得ていて、社員を感動させる言葉を吐く。だから、温かい人間関係を築くのにも長けているのがふつうだが、そういった苦労をしたことがない人が上に立つと、なかなか社員をつなぎとめることができない。

私も、健康機器を売りに、ガソリンスタンドへ行ったり、税務署に行ったり、魚河岸に行ったりした。魚河岸というところは体を使う職場であり、みんなが健康を大事にしている。そして、そこにはいつも現金がある。だから、健康機器は売りやすいのだが、売り込むにはセールスポイントとセールストークが必要だ。とくに、セールストークができなくては話にならない。温かい人間関係というのは、そういうセールスで鍛えた言葉、トークによってつくられる。

経営者の言葉は、何も社員との関係だけに必要なのではない。

たとえば、「技術、技術」「コスト、コスト」で勝負する会社は、やがてより技術の進歩したところ、よりコストの安いところに客をとられてしまう。ところが、セールストークができていたら、販売先、仕入れ先にも温かい人間関係が広がっていき、他社との競争も有利に展開することができるのだ。

「おい、こういう値段じゃないと、ライバルが来ているよ」

「いま、こんな技術がなくちゃやっていけないよ。こういうのを持ってきなさい」

そういう意味でも、中小企業の社長は言葉の勝負。悪い言葉で言えば、舌先三寸が大切である。少なくとも、仲の悪い奥さんを改めてべた惚れにさせるくらいの話術がなければだめだ。何もないところから何かを生んでいくには言葉しかない。

しかし、言葉がいくら大切だからといって、真実の重みがこもらなければ説得力はない。つまり、真実なる真心と、そして「行い」がなくてはいけない。それが欠けていたら、

「うちの社長、口だけなんだよな」ということになる。

だから、従業員の心をガッチリつかもうと思うなら、言葉が本当なんだということを「実行」で示さなければいけない。

ただし、断っておくが、実行が尊いのではない。言葉と実行、どちらが大切かというと、言葉のほうがより大事なのだ。その言葉に謙虚さや誠意、誠実さが感じられなくなると、言葉が生きなくなる。それを補うために必要なのが実行なのである。

どんなに率先垂範したところで、「おれも頑張っているんだから、君たちも頑張れ」だけでは、社員は辞めていく。私自身の体験から言っても、大切なのはあくまでも言葉。言葉あっての実行である。

励ましの言葉や慰めの言葉が足りなければ、少々ボーナスを出したところで、「あんたのところではやっていけません」と、すぐにいなくなってしまうだろう。

「この不況の中で、わが社がこんなに健闘しているのは、ひとえに社員の君たちのおかげだ。ここはもう思い切ってボーナスは五ヵ月分と思ったけれども、なかなかそうもいかん。他社と比べてみたら、中にはボーナスが出ないところもあった。けれど、うちも出ないというのでは君たちに申し訳ない。最低でも一ヵ月分と思ったけれども、〇・八ヵ月分しか出せない。その代わり、わしは給料は半分にする。〇・八ヵ月分のボーナスしか出せないけど、これは好景気のときの五ヵ月分くらいの値打ちがあるんだよ」

景気のいいときだって二ヵ月分しか出したことがなくても、社長たるもの、そう言うべきである。たとえ○・八ヵ月分のボーナスでも、その言葉で「ああ、出ただけでありがたい。もっと頑張ろう」と社員は思う。だから、少しは出さなくてはいけない。実行もなければ、これは嘘だと思われる。しかし、繰り返しになるが、大切なのは実行よりも言葉。言葉を裏づけるための実行なのである。

もう一つ大切なのが継続、つまり言い続けることである。

「わが社はこれから伸びていく。君たちのことをぼくは本当に思っているんだ」と、言い続ける。そして実行し続ける。会社に被害がない程度に。もし、会社が実行できることが少なければ、その三倍言葉を出せばいい。言い続ける。継続する。こうしていくと、温かい人間関係ができ上がる。

来年はハワイ旅行に行くんだという目標を設定したら、社長は言う。

「ところが、この不況だからな。ハワイも行きたくてしようがない。しかし、これは四年後にして、今年は申し訳ないけど、キャバレーハワイに行こう。しかし、ハワイには一歩ずつ近づいているぞ」

と言えば、実行はキャバレーハワイだけれども、とにもかくにもハワイのシリーズである。翌年は、

「ハワイアンバンドのところへ行こう。二歩近づいているから、二年後には必ず行く」

と言う。言い続けておれば、やがてそのうちに本当のことになる。

そういうふうにして私も社員を束ね、何もないところからやってきた。

中小企業の辿るべき道筋を、まさに身をもって体験してきた、私のノウハウである。人は石垣、人は城。それが経営者の極意であり、とりわけそれが中小企業経営の重要なポイントなのである。

情熱と言葉で会社に活気を

言葉は何も、従業員を立ち止まらせるためにだけあるものではない。従業員にやる気を与え、会社を活気で満たすことができるのも、言葉の持つ効用である。

たとえば、私は予備校の経営にタッチしているが、予備校という存在について

私はつねづねこう考えている。

受験の合否は一人の生徒の生涯に大きな影響を与える。それだけに、受験指導にあたるスタッフたちにかかるストレスは、相当なものがある。しかし、成績の悪かった受験生が夢にまで見た一流大学の志望校にバンバンと合格したら、その喜びは他に代えがたい。何しろ、一人の生徒の人生を幸せへと変えるお手伝いができるのだから、これほど生き甲斐があり、やり甲斐のあることはない。私はいつも、この思いでやっているし、従業員にもつねに言っている。

もちろん、従業員には経営者が一〇思っていることの一しか伝わらない。では、どのようにしたら一〇の志を従業員に伝えることができるかと言えば、一〇〇思いつづけ、一〇〇言いつづけるほかない。

自分たちはこのように社会に役立ち、みなさんに喜ばれるようないい仕事をしているんだという情熱と理念。これを何度も何度も繰り返し、一〇〇倍の熱意をもって言いつづける。そうしていると、従業員に一〇の熱意が伝わるはずである。

それだけの情熱のない経営者の下では、士気が上がらないのも当たり前だ。やはり、生き甲斐とやり甲斐と情熱というものを社員に持たせられないようでは、経営者の責務を果たしているとは言えない。それには、経営者自身、仕事に対して情熱が滲み出てくるようでなければだめだ。

それをみごとに証明してみせてくれたのが松下幸之助だが、彼にこのことを気づかせた、あるエピソードがある。

松下幸之助が天理教の本部に行ったときのこと、たくさんの信者さんが〝ひのきしん〟といってご奉仕をしている姿が彼の目に飛び込んできた。大勢の人がハッピを着て、喜々として無料奉仕に励んでいる。この姿を見たとき、松下幸之助は考えた。この人達はなぜ、こんなに生き生きと、喜々として働けるんだろうか、と。そして、松下幸之助は気がついた。自分たちが何のためにしているのかということ、宗教的使命感を各自が持っているからだ、自分がしていることが世のため人のためになっているという確信と宗教的使命感から出てくる情熱があるからこそ、こうしてできるのだということがわかった。

松下幸之助はこれをヒントにして、松下電器としての夢と理想と社会的使命感とを社員たちに語り、自分たちの仕事がどれだけ世のため、人のために役立っているのかということを、ことあるごとに熱意をもって言いつづけ、説きつづけたのである。そうして、一〇〇の情熱で説きつづけていくうちに、社員たちにも松下幸之助の志が一〇、一一、一二とどんどん伝わっていったのは言うまでもない。

そのうち、社員たちは夜十時、十一時まで仕事をするようになった。それを見た松下幸之助が、

「君たち、今日はもう帰りなさい」

と言うと、逆に、

「いえ、これをやらなければ帰りません」

と社員たちは怒り出したという。そこまで社員たちは松下幸之助の志に共鳴し、情熱的に生まれ変わったのだ。

自分たちの仕事が世のため人のため、どのように役立っているのかを自分で考え、絶えず言いづつけて、従業員を道具ではなく仲間として考えていく。

このような経営者ならば、従業員みんながやる気に満ちていき、生き甲斐とやり甲斐を感じて、喜々として仕事に励む。それが、社員一人ひとりの幸せであり、その幸せが社員の家族にもどんどん広がっていくというものである。

だからこそ、いやしくも会社を経営する者は、つねに夢を追い、理想や社会的

使命感を語りつづける必要があると思うのだが、そのためには、くどいようだが言葉の力がなければいけない。小さなことでも感動し、その感動を言葉で伝えるだけの表現力、それが会社に活気を与え、ひいては会社を発展させる基礎になるのである。

第四章　中小企業経営者に求められる経営姿勢

本当のリスクマネジメントとは

これまで述べてきたように、中小企業の命運は、すべて経営者本人のやる気と考え方にかかっている。逆に言えば、経営者自身の才覚を磨かない限り、中小企業を発展させるのは難しい、ということでもある。

では、経営者の才覚を磨くにはどうしたらいいのだろうか。あるいはまた、中小企業の経営者に求められる経営姿勢とは、どのようなものなのだろうか。本書の最後に、この問題について語ってみたい。

さて、早いもので、世界中を震撼させた阪神淡路大震災が起きてから二十年。大震災の記憶は年月とともに人々の心から次第に遠ざかっているようだが、一つだけ、日本人の心に定着したものがある。それはリスクマネジメントという言葉である。

それまで、リスクマネジメントなる言葉はほとんどなじみがなく、われわれ一般人が耳にすることなど皆無に近かった。それが、あの大地震が起こってからというもの、にわかに人口に膾炙し、何かにつけてリスクマネジメントが確立しているとかしていないとか、さまざまに語られるようになったのだから、世の中の移り変わりほどわからないものはない。先だって、北朝鮮の不審船を海上保安庁が追尾、威嚇射撃するという事件が起きたときも、メディアはさかんにリスクマネジメントという言葉を連発していた。

では、そのリスクマネジメント、日本語に訳すところの危機管理とは、一体、何なのか。それも、中小企業の経営者にとってのリスクマネジメントとは何かを考えてみたい。

危機には、健康の危機、夫婦仲の危機、企業の危機、経済社会の危機、国家の危機などいろいろあるが、危ないと思われているときが一番安全で、反対に安全だと思われているときが一番危険である、と言われている。たしかにそのとおりで、健康にしても夫婦仲にしても、あるいは企業にしても国家にしても、危機は気の緩んだときにやってくる。「天災は忘れたころにやってくる」という箴言は、そのへんの事情を端的に表現している言葉であると言えるだろう。

危機は気の緩んだときにやってくる、ということを裏返せば、気を引き締めていれば危機を未然に回避できる、ということになる。実際、気を引き締めているときには、危機の萌芽をいち早く発見できるし、また素早い対応もできる。その限りで、気を引き締めるのがリスクマネジメントの最大のキーポイントであると言っていいだろう。

では、気を引き締めるにはどうしたらいいのだろうか。思うに、つねに前向き、積極的にものごとに取り組んでいくことではないだろうか。

意識するとしないとにかかわらず、前向き、積極的に何かに取り組んでいるときには、自ずから気が引き締められているものだ。それとは逆に、消極的、後ろ向きに生きているときには、どこかしら気が緩んでいる。その限りで、「君子危うきに近寄らず」という消極的な姿勢は、かえって危機を招きやすい危険なリスクマネジメントと言える。

専門分野ではないのでよくわからないが、医学の世界でも、プラス思考で生きている人は、ストレスや病気とあまり縁がなく、よしんば病気になっても回復が早いという。一方、マイナス思考の人はつねに病気がちで、治りも悪いということである。まさしく「攻撃は最大の防御」なのだ。

もちろん、積極的であることと無謀であることとは別なのだから、何かにチャレンジするときには細心の注意が必要だ。たとえば、行ったことのない外国に出かける場合、ありとあらゆる危険性を考え、極力、事故や事件に巻き込まれないように細心の注意を払う必要がある。にもかかわらず危険に遭遇したら、そのときはしょうがない。海外に出なくても、クルマに乗っていれば事故に巻き込まれることもあるだろうし、スキーをやっていれば骨を折ったかもしれないと、割り切ることだ。

それでも、「危うき」を恐れて「近寄らず」というのよりはずっといい。なぜなら、たとえ危機に遭遇したとしても、その体験がかえってプラスに働くこともあるし、あとあと必ず生きてくるからだ。無為という態度からは何一つ学ぶことができない。人生に一番役に立つ、体験的知恵が得られないのは言うまでもないだろう。

私は、かねがねオートバイの免許を取りたいと思っているのだが、その話をすると、こう忠告してくれる人がいる。

「オートバイは危ないですよ。事故で死ぬ人が多いんですよ」

ご親切に心配していただいているので、

「たしかに、乗らないよりも事故に遭う確率は高いかもしれないね」

と答えることにしているが、何もせずにただ寝ていたって、地震で死ぬ人もいる。トラックが突っ込んできて死ぬ人だっている。人間、死ぬときには死ぬのだ。危機とは本来、そういうものなのである。しかも、えてして、怖い怖いと思っている人間がやられるのだから、ビクビクしながら生きることほどつまらないことはない。

ビクビクしている人間ほど危ない――これは、戦場では常識とされている〝法則〟で、真っ先に突撃していく者は死なない、と言われている。なぜか。敵陣に突撃するとき、敵は突撃してくる兵の姿を見てから銃をかまえるため、照準を合わせるまで間があいてしまう。すると、真っ先に突撃してくる兵には弾丸は当たらず、後ろから恐る恐るやってくる三人目あたりの兵隊に当たることになる、というのだ。

要するに、いくら気をつけていても、事故に遭うときは事故に遭うわけで、それを恐れて何もしなければ、チャンスを逃すだけ。チャンスを逃せば、未来へ向けた可能性、発展、成長といったものが生まれてくるはずもない。危険なところに飛び込んでいく人が、結局、チャンスをものにするのだ。

消えたネルソン精神

この、チャンスをつかもうとするハートは、日本の企業から消えつつある。まことに残念ではあるが、チャレンジ精神旺盛な日本人や日本企業が少なくなっているのは、どうやら間違いなさそうだ。

一方、欧米の企業はどうかと言うと、チャンスへ向けての貪欲なまでの気性は、いまだに根強く残っている。

たとえば、クメール・ルージュが劣勢になってからのカンボジアへ真っ先に行ったのはアメリカの企業であった。また、天安門事件後の中国へ真っ先に行ったのも、やはりアメリカ企業だった。アポロにしてもスペースシャトルにしても、最初にやるのはおれだ！　とばかりに、勇敢に行動する。死ぬかもしれないけれども、やる。こういう進取の気性はどういうわけか、アメリカやイギリスなどの英語圏の人に強いようだ。

進取の気性――それは何も英米人の専売特許ではなかったはずだ。開国以来、日本人の心を奮い立たせてきたのが進取の気性であり、それをわれわれの先祖は誇りに思ってきたのではないだろうか。それがいつの間にか、安全第一の奇妙なことなかれ主義、官僚的な発想が染みついてしまったのだ。

いつごろからそうなったのだろうか。これはじっくり研究しなくてはならないが、すでに太平洋戦争のころから、その萌芽があったのではないかと思う。

たとえば、南雲中将という軍人は真珠湾攻撃を指揮したことで有名だが、彼の行動などまさしくその萌芽であったと思われる。戦争は長丁場だから、航空機や船舶を大事にしなければいけない、無闇に損失してはならないと考えた彼は、アメリカ太平洋艦隊の息の根を止めようとせず、攻撃途中で引き揚げてしまったのだ。

敵を徹底的に攻撃してこそ、味方の航空機や船舶を守れるはずである。にもかかわらず、少しばかりの損失を恐れて、攻撃を中途半端に終わらせた南雲中将の行動は、とても理解できるものではない。それほど損失を恐れるのなら、真珠湾など攻撃しないほうがよかったのではないか。あのとき太平洋艦隊を徹底して叩いておけば、カリフォルニアをはじめとする太平洋岸の防衛に力を割かれ、アメリカはヨーロッパ戦線には行けなかったはずだ。そうなれば、太平洋戦争も結果は変わっていただろう。

誤解しないでほしいが、戦争をしたいとかアメリカが憎いとか言っているのではない。戦争のよしあしは別として、人は、戦うべきときには徹底的に戦わなければならない、と言いたいのである。

ところで、ネルソン精神というのをご存じだろうか。ネルソンとは、南アのネルソン・マンデラのことではない。一八〇五年、トラファルガー沖海戦でフランス・スペイン連合艦隊を撃滅して戦死した、大英帝国海軍提督・ネルソンのことである。

敵とまみえたら、たとえ玉砕しようとも徹底的に戦う。仮に、その戦が全体から見て無意味な戦いであっても、敵を見たら倒す。それをネルソン精神と言う。いまの日本人に一番欠けているのは、これだと私は思う。

先んずれば人を制す

いまは失われたネルソン精神。それはしかし、日露戦争のときには日本にもあった。いや、日本全体がネルソン精神に覆われていたと言ってもいい。とりわけ、日本海海戦での東郷元帥など、まさにネルソン精神そのものであった。

東郷元帥が統率する連合艦隊の使命は、一隻残らずバルチック艦隊を日本海に沈めることであった。たとえ一隻でもウラジオストックに逃げ帰してしまっては、満州で戦っている日本陸軍への補給に支障を生じるからだ。そうなったら、戦局は一気に不利になる。ただでさえ、陸軍大国・ロシアを相手に、兵器や砲弾の不足で苦戦を強いられているところへもってきて、海上輸送が困難ということになれば、もはや日本陸軍の命運は尽きたも同然。日本の敗戦も決定的である。だからこそ、一隻残らずバルチック艦隊を撃沈せよとの厳命が下ったのだ。

日本海海戦はまさに、「皇国の興廃、この一戦にあり」だったのだ。

厳命を受けて東郷元帥が採った作戦は、日本海を縦一列で北上してくるバルチック艦隊の前方を、味方艦隊が次々と横切りながら一斉攻撃を加える、というものであった。艦隊同士の戦いでは、船の横腹を敵に見せたほうが圧倒的に不利になる。敵に横腹を見せるというのは、まるで沈めてくださいと言っているようなものだからだ。ただし、舷側の砲をすべて同じ照準で、しかも一斉に撃つことができるという点で、攻撃には有利に働く。いわば東郷元帥は、肉を斬らせて骨を断つ戦法を採用したのであり、玉砕覚悟で日本海海戦にのぞんだのであった。

その玉砕戦法に東郷元帥は賭けたのだ。

このような、互いに刺し違えるような戦いの場合、勝敗の帰趨はひとえに司令官の度胸にかかっていると言われるが、東郷元帥はこのとき、最初から最後まで、砲弾の雨降る艦橋に立ったまま微動だにしなかったと伝えられる。それでも、同乗の将兵が砲弾に打たれてバタバタと倒れていく中、東郷元帥一人、まったくの無傷だった。ビクビクしている人間ほど危ないというのは、どうやら本当らしい。

戦うときのものの考え方は、こうでなくてはいけない。

結果は、魚雷艇が三つか四つ沈んだだけで、わが帝国海軍のパーフェクト・ゲームだった。その魚雷艇も、折からの高波のために沈んだのであって、撃沈されたわけではない。戦艦や巡洋艦には一隻も被害がなかった。

一方、バルチック艦隊のほうは、巡洋艦が一隻、ぼろぼろになって、命からがらウラジオストックに逃げ帰っただけで、ほかの艦船は全部、撃沈されている。戦うときには、やはり腹を据えなければいけない。うろうろしていたら、本当にやられてしまう。

危機に向かってあえて行くときには、何かが得られる。そう思える人間こそ、人に先んじて勝機を得る人間である。チャンスをものにすることのできる人間である。

経営者に求められる自己責任

こう私が主張すると、

「では、リスクを冒して倒産でもしたらどうするんだ。面倒を見てくれるのか。自分の肩には社員と家族の生活がかかっているんだ」

という反論が必ず出てくる。ばかなことを言ってはいけない。甘えてはいけない。誰が、そんな逃げ腰の経営者の面倒などを見るものか。進むも地獄引くも地獄のこのご時世に、座して死を待つがごとき心がまえの者に、社員の生活を託されているなどと言ってほしくない。そんな社長では、社員だってさっさと見切りをつけているだろう。

少々手きびしいかもしれないが、評論家のように、高見の見物で言っているわけではない。私自身、この厳しい荒波を、中小企業の経営者として汗水たらしながら、どうにかこうにか乗りきってきた。そういう経験があるからこそ、言う資格があると思って言っているのだ。

経営者、とくに中小企業の経営者は、大企業のサラリーマン社長とは違った意味で、まことに孤独である。社長をやめればすみそうなものだが、やめられはしない。資金繰りから営業から、すべてを一人で引き受けながら、首をくくるも自分、夜逃げするのも自分、そして、儲かってニコニコするのも自分なのだ。

そういう立場を楽しめなくて、なお経営者だと言えるのだろうか。そこには、経営者マインドというものはもはや存在していない。

責任を恐れる心、責任への無自覚。情けないことにそれは、日本人の心から野心や冒険心、あるいはジャパニーズドリームとも言うべきものが消え去ってから蔓延してきた現象である。

ところが、また欧米の話になって恐縮だが、欧米では自己責任の思想はいまだに健在なのである。欧米人は、目の前に新しいビジネスチャンスがあれば、潰れるのを覚悟のうえで、新しいものにチャレンジする。フロンティア精神でぶつかっていく。失敗しようが成功しようが、すべて自前で戦う。マイクロソフトのビル・ゲイツやCNNのテッド・ターナーがその典型だろうが、そんな人間がアメリカには掃いて捨てるほどいる。

日本人にはそれがゼロだ、とは言わない。だが、安全第一がどうも最近の日本人の性質になってしまったようである。

「痛いのも気持ちいいのも自分持ち」

という考え方が身についている欧米人は、危険なところへもどんどん行くが、十分に気をつけて行く。それこそが、自己責任の本当の姿なのだ。

アフリカに行ったとき、日本では考えられないようなことがあった。

私が泊まったホテルの庭に、

「これから先、奥へ入っても責任は持てません」

と看板がかかっていた。一体、何ごとだろうと思って尋ねたところ、その奥には湖があって、そこにカバがいるのだという。ホテルの庭から細長い小道をたどれば、すぐにその湖に出ることができる。柵もなければ鉄条網もない。

ホテルの説明によれば、以前、イギリス人の宿泊客がカバに食われて死んだことがあるというのだ。カバが人間を食うなんて、にわかに信じられない話ではあったが、早朝、内臓の破裂した死体が発見されたというから、恐らく件のイギリス人は、夜の間に、その小道を歩いていて、カバに襲われたのだろう。カバというのは夜行性の動物で、動くものには、とりあえず反射的にかぶりつくのだそうだ。

そういう事故があったために、ホテルとしては一応、注意を喚起する看板を立てたのだが、では、注意を守っていてカバに襲われた場合、ホテルが責任を持ってくれるのかというと、別に責任を持ってくれるわけでも何でもない。実際には、カバのほうが自由にホテルの庭にやってくるのだ。それを防ぐ柵があるわけでも、鉄条網があるわけでもない。

つまり、その看板の本当の意味は、

「カバを見たら、自分の責任において、さっさと逃げなさい」

ということなのだ。これが日本であったら、ホテルの管理責任だの柵を取りつけろだの、過剰で過保護な反応をするに違いない。そして、そういう平和ボケを不思議だとも何とも感じていないところに、日本人の最大の不幸があるのだ。

中小企業の経営者のリスクマネジメントはどうあるべきか、私の考えを理解していただけただろうか。もちろん、あくまでも私個人の考えにすぎず、これが絶対に正しいというつもりはない。だがしかし、守りに入ったらおしまいだ、ということだけは肝に銘じておくべきだと思う。安全をあまり考えすぎては、新しいものに挑戦する意欲を失い、ひいては、勝機を逸する結果となるからだ。

攻めの姿勢を保っているか？

自己責任を楽しんでいるか？

つねにそこをチェックしたい。鳴かず飛ばず中小のままで終わってしまうか、大きくなっていくかは、そこがターニングポイントになるからだ。ただし断っておくが、何も準備せず、気をつけることもせず、とにかく前へ前へという、単なる楽天主義を薦めているわけではない。たとえば、売れそうな商品だからといって、マーケット調査もせずにいきなり大量生産したり大量仕入れするのは暴虎馮河。単に無謀なだけだ。大切なのは、誰もやったことのないところに誰よりも早く行って、危なかったら誰よりも早く帰ってくる、という姿勢である。そうすれば、どんな仕事であっても、どんな業種であっても、必ず成功する。

盛田昭夫氏に見るチャレンジ精神

ネルソン精神、チャレンジ精神を持った日本人と言えば、今は亡くなられたが、ソニーの盛田昭夫氏を筆頭に上げていいだろう。

盛田さんにまつわる逸話は多いが、五十歳を過ぎてからテニスとスキューバ・ダイビングを始められたという話には、深い感動を覚えた。何でも、政財界の人々と一緒に風呂に入ったとき、人間、足腰から老化するもんだとしみじみ感じて、足腰の鍛練のためにということで始めたらしい。

さらに驚くことがある。何と、六十歳になってスキーを始めたのだ。それだけでもすごいが、もっとすごいのは、カナダにあるスキー場のオープンセレモニーに招かれて、デモンストレーターとして、大回転を転倒せずに滑り通したことだ。それが、何と六十七歳のとき。大回転競技では、スキー靴とスキー板を足にがんじがらめに結び付けて滑るから、一歩間違えると骨折してしまう。それが、六十七歳でデモンストレーター役を無事果たすとは……。

そういうチャレンジ精神を持ちつづけてきたからこそ、戦後、東通工という零細な企業から身を起こしたソニーを、世界的な大企業に育て上げることができたのだ。その間、次から次へと大ヒット商品を開発したのも、やはりチャレンジ精神のたまものだろう。

器の差というのはそういうことなのだ。ただ単に頭がいいとか、金の計算ができるというだけでは経営者とは言えない。それよりも大切なのは、危険なことでも挑戦するんだというスピリッツがなくなったら、企業家としての生命は終わりなんだという気持ち。それが何よりも経営者には求められるのではないだろうか。

逆の見方をすれば、本当に危ないのは、現状を維持しようという守りの気持ちが強くなったとき。売上が伸びていると安心しているとき。これは大変危険な状態だと思ったほうがいい。

万事調子よくいっている会社ほど、何かの理由で売上が落ちたときの反動は大きい。中小企業の場合、好調が二年続くと三年目にはバーンと落ちる。そういうパターンを踏む企業が多いのだ。それを避けるためには、攻撃的な舵取りをするしかない。

それには、利益が出ているときに、思いきってひと味、ふた味、ひとひねり、ふたひねり加えたやり方で攻めていく。つまり、新しい試みのために投資をし、失敗した分は損金で落とし、創造的開発のためと同時に、節税効果をねらうのである。利益が出ている時にこそ、それに安住せず、節税と創造的投資の一石二鳥をねらい、次の利益を生む種を植えるのである。そのために、業界動向を伝える新聞・雑誌をよく読んで、成功しているパターンを絶えず研究する。同業種の中で、成功しているパターンを取り入れる。そういう努力が必要だ。

前にも言ったように、公認会計士や税理士を信用してはいけない。銀行のアドバイスも信用してはいけない。証券会社の分析なんか論外だ。そういう頭のいい人たちは、すでに結果の出たものについて、ああだこうだと分析するだけなのだ。中小企業の経営に評論家は要らない。誰も考えつかなかったことをやらない限り、成功の二文字はやってきはしないのだ。そのヒントは消費者の生の声、顧客の生のクレームや要望の中にこそある。経営者は、それらに常に謙虚に耳を傾けなければならない。

考える力が経営者を強くする

では、ネルソン精神、チャレンジ・スピリットを持続させるために、経営者はどういう工夫をすればいいのだろうか。

結論を先に言ってしまえば、考える力を老化させるな、ということだ。

松下幸之助はご存じのように、貧乏で学歴がなく病気がちだったが、絶えず考えていたそうだ。彼の著書に口ぐせのように出てくるのだが、幸之助は考えて考え抜いた結果、ふと浮かんできた「姿」でものごとを判断していたらしい。

考える力が老化し、考える力を失ったらどうなるか。最終的にはボケることになるのかもしれないが、そこまでいかなくても、さまざまな症状に見舞われるのは避けられない。とくに経営者にとって致命的なのは、経営そのものや複雑な目標、またややこしいことの内在する新しい試みが面倒になるという症状だ。新製品？　もういいや。来年度の目標？　いまのままでいいじゃないか。そうなってしまう。

そもそも現状維持など、経営者にはあり得ない話だ。ときは常に流れ、時代は絶えず変わりつづけるのだから、現状維持とはイコールじり貧状態なのだ。ライバル会社も絶えず進歩向上している。自分の会社も常にライバルから研究されているのだ。また業界も絶えず変化している。だから、万が一これでいい、これで満足だと考えたら、会社は必ず衰退し、やがて潰れていく。

人から聞いた話やセミナー、書物……そういうものに影響されて、考えが揺れ動くようになったら要注意だ。自分自身の本来の考え方やスピリットがどこかに消えているに違いない。これでは判断を誤るし、そんなことで失敗しては後悔するだけだ。経営者たる者、成功するも失敗するも、自分で判断しなくてはいけない。

考える力が老化した社長、その任にあらず。相談役にでもなっていただくのが、世のため人のためというものである。

考える力の衰えない経営者というのは、松下幸之助のように、絶えず経営のことを考えている。新製品をどう開発するか、どうすれば売上が上がるか、従業員の悩みをどう聞くか、面倒くさいと思うこともなく、常に考え抜く。それが健全な経営者だ。だから、経営者としての実力を維持するためには、考える力を老化させず、むしろ強化していくことだ。すなわち「強い頭」をつくること。これからは「強い頭」が必要とされる時代なのだ。

頭にも、クリエイティブな頭、切れる頭、シャープな頭、フラットな頭、電球頭、絶壁頭と、まあ、いろんな頭があるが、切れる頭というのは脆い。なまじ先が見通せるものだから、客観的情勢が厳しいときには、トライもせずにあきらめてしまう。トライをしたとしても、途中であきらめて、すぐに引き返す。そして、精神的にも深いダメージを受けてしまう。

たとえば住友銀行元頭取の磯田一郎さんなど、その典型だろう。あれほど優秀で、切れ者と言われた人でも、ひとたび栄光への道が頓挫すると、未来はもう考えられなくなる。ジ・エンドになってしまう。

これでは中小企業はやっていけない。

一番いいのは、どんなに問題を抱えていても、決して投げ出さず、公私にわたる複雑な問題を、焼き切れずに考えつづける頭。これが私の言う「強い頭」だ。やるべきことはやる。それで失敗したら、しばらく駅前でたこ焼き屋をやりながら、次の試みを考え続けるという「強い頭」があれば、中小企業は潰れない。不渡りを食らっても、売上が落ちても大丈夫。業界が不況に見舞われようと関係ない「潰れない会社」になるのだ。

考える力を養う読書法

考える力の老化を防ぐにはどうしたらいいのか。簡単なことだ。評論文を読みつづけるべし。これが私流の思考力の老化を防ぐ対策である。

いくつものことを粘り強く永続的に考えていく力は、小説好きな人からは生まれない。小説、とくに恋愛小説だとかサスペンス小説だとか、そういったたぐいのものは、読んでいるときはたしかに面白い。感情移入してストーリーに酔いしれ、ふわーっとした情感豊かな世界を満喫することができる。だが、たったそれだけの話である。

小説で強靱な思考力が培われることはまずない。

どういうものか、小説好きは女性に多い。あるところまでくると、もうだめ、やっていけない、やってちょうだい、と会社を投げ出す女性経営者が多いのも、そんなところに由来しているのかもしれない。この本をお読みの女性経営者にはそんな方はいないと思うが、もしそんな気持ちが湧いたら、自戒していただきたい。

私など、五日から一週間、評論文を読まないと、体から発散するエネルギーがシャープさを欠き、ふわーっとしたものになってくる。何だか、自分がばかになったような気さえする。ただ、感情だとか情感は研ぎ澄まされていくので、音楽や絵画や書道など、芸術活動のほうにはプラスに働くという面もあるにはある。

気をつけたいのは、いまという時代は、考える力がどんどん奪われる時代だということである。その原因は情報化社会にある。とくに、スイッチを入れるだけでニュースや情報、あるいは評論家の言葉が勝手に耳に入ってくる、テレビやラジオの影響が大きい。それでも、絶えず批判的に受け止めるようにしていれば、それなりに考える力も養われようが、大方の人は、向こうから発信される情報を無批判に聞くだけで、思索をめぐらすということがない。これでは、考える力がますます衰えていくのも、当然と言えば当然である。

ましてや体は老化していく。女性は二十七歳、男性は三十五歳がターニングポイントで、それ以後、肉体的なポテンシャルは年々、低下していくと言われている。その一方で、年をとればとるほど、果たすべき役割と責任とストレスは増えていく。そこにわれわれの悩みの種があるわけだが、ただ、よくしたもので、脳の働きが一番活発なのは五十代だと言われている。

しかし、残念ながら記憶力は衰える。だから私など、外国に行くと必ずカンツォーネを覚えて帰るようにしている。外国へ発つ前に楽譜を買い集め、飛行機に乗ったら座席で一人ごとのようにブツブツとやって歌詞を覚え、トランジットで次の便を待つ間や、外国の街角で歌いまくって練習する。

実際にやってみるとわかるのだが、若いころに比べると、覚えるのに五倍から六倍の時間がかかる。そのうえ、覚えたと思ってもすぐに忘れる。どうやら記憶力の低下に抗うことはできないようだが、それでもしかし、忘れる以上に反復してやれば、必ず覚えることができる。

心理学では、四十八回反復すると必ず覚えると証明されているのをご存じだろうか。つまり、覚えられないのは四十八回やらないだけのことなのだ。やれば絶対に覚えられる。だから、記憶力に関しては、老化を恐れることはない。

問題は考える力である。確実に衰えてゆく考える力。それを維持、強化する最善の方法は、絶えず評論文を読むことにある。私はそう確信している。

「小説はだめだと言っても、実際には、司馬遼太郎だとか山岡荘八だとか吉川英治だとか、歴史小説を好む経営者が多いではないか」

という反論もあるだろう。たしかに、経営者には昔から歴史小説の愛読者は多い。しかしこれは、読み方の問題だ。単に面白いから歴史小説を読むという経営者が、考える力を維持できているとは思えない。トップ中のトップは、まず歴史小説を読み、次に、時代背景や疑問点について我が身にあてはめて考え、歴史評論や種々の論評も読んでいるものだ。つまり、歴史小説を通して、歴史から人間そのものを学んでいるのである。

とにかく、ストーリーを追うだけという読み方がだめなのだ。ふつうの人なら、それでもいいだろう。しかし、経営者がそういう読み方をしていてはだめである。入口としての歴史小説であれば許せるが、歴史小説に止まっているようではいけない。歴史小説を入口に、そこから歴史評論や原典、評論文や中国古典が読解できたら、次に和漢洋の哲学書に行く。これが人間を知り、考える力を身につける最善の読書法である。

経営者は宗教書に親しめ

哲学書に親しんだら、そこからさらに宗教書にトライするといいだろう。私はそうやって、自分自身、人間と社会の根源を知り、あらゆる問題を考え抜く力を養ってきた。

さて、一口に宗教書と言っても、いろいろある。最近は、仏教評論家のH氏が手広く書いているような、わかりやすさを主眼に置いた解説タイプのものがよく読まれているようだ。ま、それも悪くはないが、どうせ読むなら、もっと極まったところの宗教書がいい。一番いいのは儒教や道教や、聖書、仏典などの教典。

それが難しければ、その解説書。せいぜいこの範囲である。

最初のうちは苦しいかもしれないが、慣れてくれば誰でも読める。とにかく原典を読んで、イエスならイエス、仏陀なら仏陀の息吹に直接ふれることである。これらの人々は、民衆の心と魂をつかんだ巨匠なのだから。社員や取り引き先や社会のあらゆる人々に対するときの、心をとらえ、心の問題を解決し、また魅了する多くのヒントがそこにある。

『親鸞上人の一生』というような伝記や小説仕立ての評論は、親鸞の勉強をするには役立つかもしれないが、それよりやはり『教行信証』や『歎異抄』など、親鸞自身が著した書やその弟子たちが書いたものを読むほうがいい。

日蓮宗関係なら、日蓮は何を言いたかったんだろうと、『立正安国論』や『開目抄』を現代訳でもいいから読んでみる。ついでに『立正安国論について』という学者の本も読んでみる。日蓮上人の伝記も悪くはないが、中には、絵本みたいなものを、わかりやすいからと買ってくる人もいる。一般の人ならそれでもいいが、経営者がわかりやすいものばかり読んでいるようではだめだ。深く思考するのが面倒だというクセができるからだ。

強い頭をつくろうとするなら、弘法大師の『弁顕密二教論』とか『十住心論』、あるいは『十住心論について』ぐらいのものは読まなくてはいけない。政界のトップや一部上場企業の社長たちは、みなさん年をとっても、それぐらいの読解力、考える力を持っている。

一部上場企業の社長たちの知性や考える力、裸一貫でやってきた中小企業社長のド根性、その両方を備えたら、これはもう間違いなく経済人としてはトップだ。どんな時代になっても、絶対に、小さい会社を大きくする経営者になれる。病弱で、学歴がなく、貧乏だった中小企業のおじさんが、天下の松下幸之助になるのだ。松下幸之助が晩年になるまで、どれだけそういう勉強をしていたのか、その著作を見ればわかる。あの豊臣秀吉に関しても同じことが言える。秀吉の残した書の真筆を見れば、彼の独学で学んだ教養と学問の深さがわかる。

こうして、宗教書を読んで、面白い、楽しいと感じるだけの読解力がついたら、そのときは、また小説に帰ればいい。より深く読みこなせるはずだ。深く読みこなす読解力、これこそがトップに立つ人間の、考える力と行動力から出てくる判断力なのだ。

地位の差は国語力、読解力の差

すべての文化の基本は母国語にある。

学問的にはもうずいぶん前から指摘されていて、教育界では「考える力の復権」が主要テーマになっていた。「考える力」の根幹をなすものは、当然のことだが、母国語の力、それも読解力だ。

それを受けて、文部省（現・文科省）の学習指導要領の改定でも、「考える力」を養成することと、その方法としてのメディアリテラシー（コンピュータ・ネットワークを使いこなす能力）が大きなテーマとなっている。これまで、画一的、金太郎アメ状態の青年を生み出してきた教育方法・受験制度への批判と反省からだ。とりわけ、日本の将来を憂える産業界からの批判は強烈だった。そのことを端的に裏付けるエピソードがある。

たしか読売新聞の記事だったと思うが、それによると、一部上場企業の管理職・経営者の国語力をテストしたことがあったそうだ。古文、漢文、現代文の論旨要約だとか空欄補充だとかの試験、それを管理職や経営者にやらせたのだ。テストが終わってから、役職別の平均点を出してみたら、じつにみごとなまでに、役職による国語力の差が明らかになったという。すなわち、係長クラスが65点、課長クラスが70点、部長80点、取締役85点、社長90点、会長95点であった。

いかがだろうか。地位の差とは、まさに国語力、読解力の差なのだ。決断をしたり、懸案事項を解決する立場の人は、考える力が深くて広く、頭の回転が早い。それを見識と言うのだろうが、ものみごとに結果が数字にあらわれている。

もう一つ面白いものに、イギリス銀行協会の調査結果がある。イギリスで頭取になっている人は、どんな人物なのかという調査を行なったところ、シェークスピアをこよなく愛している人が一番多いという結果が出たそうだ。計量経済の専門書でもなければ、財政論の専門書でもない。

シェークスピアの作品は、人間の善し悪しもわかったうえで、人間を肯定的に見ている。そのシェークスピアを鑑賞し、読解し、愛するだけの中身がある人でなければ、イギリスでは銀行の頭取にはなれないということだ。そこがじつに面白い。

専門的、技術的なことは、コンピュータや技術者に任せればいい。経営トップに求められるのは、考える力、咀嚼力、国語力、読解力である。年をとってそれが衰えないというのは、目に見えないところで、それだけの努力をしているということなのだ。それこそが、経営者として、社長としての努力の責任である。

一日三十分でも読書しよう

ところで、読書のペースだが、できれば一日一時間。できなければ三十分でもいい。朝でも夜中でも、とにかく毎日頭を強くする、易しくない本を読むようにしたほうがいいと私は思っている。

一日三十分、ばかにしてはいけない。酒を飲んで帰っても、日中どんなに忙しく疲れていても、必ず一日三十分、本を読む習慣をつける。すると、月三冊から四冊は読めることになる。年間で三十六冊から四十八冊。五年もたてば、軽く本箱一杯分の読書量になる。まさに「塵も積もれば山となる」である。

〝船井流経営法〟で有名な、船井総合研究所の故・船井幸雄さんの就寝時間は、夜十一時。朝四時に起きて、本を読むそうだ。船井さんはセミナーで毎月「今月読んだ本」を紹介していらっしゃるのだが、「今月は少ないですね」と言われぬよう、励みにしているのではないかと思う。

それは船井さんなりの努力なのだが、われわれも、読書を習慣づけるために、何かしらノルマを課して始めるべきだ。

不思議なもので、読書の習慣がつけば、面倒くさいという気持ちは次第に消えていくもので、年をとっても、考える力を維持することができる。人に話をするネタがいつも吸収でき、より高い見識を持つこともできる。積極的で前向きで、新しいプランと説得力に満ちてくるのだ。それから、セガの親会社のＣＳＫの社長・大川功氏のように、「日舞がプロ並み」というような、何か趣味における大胆で面倒臭い領域に挑戦する試みも大切だろう。

経営者がそうあってこそ、零細企業が小になり中になり、あるいは大企業になることができる。その結果、商工会議所、経済同友会、経団連といった経済団体での活動や、経済活動そのものを通じて、社会に役立つこともできるようになる。

少なくとも、それぐらい次元の高い「自分づくり」を考えるべきではないかと私は考えている。

継続は力なり

考える力と並んで重要なのが、継続力である。

いつだったか、かつて私のラジオ番組「オーバーヘッド・カム・レディオ」のゲストに日吉ミミさんがいらした。「恋び〜とに、振られ〜たよ、よくある話じゃないか〜」という大ヒット曲を持つ人だが、いまもって新曲を出しつづけていらっしゃる。

「歌が好きなんですよ、私は」

ラジオ番組で曲が流れている間は出演者には休憩時間なのだが、日吉さんは、その間にも自分の曲を口ずさんでいらっしゃる。本当に歌が好きな方とお見受けした。

聞けば日吉さん、デビュー以来二十五年間、音楽活動を休んだことがないそうだ。コンサートもキャンセルすることなく続けているし、年に一回は必ずレコーディングもしている。バーやキャバレーを回る「営業」もやっているのだとか。

歌が大ヒットしているときには、コンサートを開けば三〇〇〇人からのファン

が集まったそうだ。それから少しずつ減って、やがて三〇〇人に。さらに三〇〇人が三十人ぐらいになった。しかし、

「三〇〇人のときも三〇〇人のときも三十人のときも、自分は変わらない。私は歌を歌うこと自体が好きだから、三〇〇人でも三〇〇人でも三十人でも同じ。聞きに来てくれる人が一人でもいるということが、ものすごくうれしい」

と、日吉さんはおっしゃる。

まったく同感だ。私も、スタッフのミーティングであろうと、お茶会であろうと、菱研（菱法律・経済・政治研究所）のセミナーであろうと、みなさんに喜んでいただければ、という思いでいつもやっている。たとえ一人でも二人でも、聞きに来てくださる人がいれば、それだけでうれしい。

ところが、ふつうは、なかなかそうはいかない。客が大勢のときは燃え、少なくなるとやる気をなくす。気分が停滞する。そういう人はフィロソフィーがない。人生観というものも持っていないことが多い。

実際、三〇〇〇人が十分の一になり、百分の一になったとき、ああ、自分も落ち目になったなと、日吉さんも思ったはずだ。ところが、歌を歌うことが自分の

人生であり、喜びだから、精一杯歌おうと、パッと心の切り替えをしている。

人生にしても会社経営にしても、調子のいいときもあれば、調子の悪いときもある。一生懸命努力しても、運や不運に左右されることもある。好景気、不景気というものもある。だから、企業経営には浮沈があるのが当然なのだが、調子がいいときには喜び、調子が悪いときには気が沈むというのではいけない。そういうのは誰にだってできる。そうではなく、環境に左右されることのない、一定の価値基準を持つこと、それが経営者には不可欠である。フィロソフィーのない人間は、何をやっても一流になることがないように、フィロソフィーを持たない経営者が一流の経営者になるのは、やはり難しい。

調子のいいときも悪いときも、絶えず自分をハイな状態に持っていく。自分のフィロソフィーを持って原点に帰り、パッと切り替える。一つのものごとを継続していく。そうするうちに、大きなチャンスが来たり、じわじわと人が増えて繁盛したり、繁栄したりするものだと思う。

私は、運不運とか調子のいい悪いに影響されないで、絶えず自分のベストを出しつづけるのが、経営者の責任者としての修養だと考えている。日吉さんがいまだに歌手としての命を保っているのも、二十数年、風雪に左右されることなく歌一筋でやってきたからこそだと思う。人生はまさに「待てば海路の日和あり」である。

そういうふうに、倦まずたゆまずやり続けていたら、チャンスはまたやってくる。上昇気流がめぐってくるまで、じっと釣り糸を垂れておかないと大魚は釣れない。目先の利だけを追う人間は、それができないから結局、大家にはなれないのである。

そば屋、うどん屋、ケーキ屋、ブティック、訪販でもみんな同じだ。歯医者でも、患者が増えたり減ったりするたびに、一喜一憂する。それはいい。しかし、それを奇貨として、常に店舗経営の原点に帰ることだ。お客さんが減ろうと増えようと、常にいい仕事を提供して喜んでもらう努力を惜しまない。そういうメンタリティーのあるオーナーの店というのは、「あそこよかったよ」といい評判が立って、浮き沈みがあっても結局どんどん客が増えていく。ライバルと競争になっても勝ち残る。

不況のときにこそ、経営者のフィロソフィー、マインドが試されているのだと心得るべきだろう。

経営哲学を持て

一意専心ということが、ビジネスのうえでも大切だということとなのだが、その表現方法は人によってずいぶん違う。ストイックに、修行僧のようになる人もいれば、好きだからということで、ごく自然に淡々とやっている人もいる。

私のスタッフにH君という人物がいる。

和歌山の工業高校を出て、いきなりメキシコの大学の医学部へ行き、二年後に東洋医学がいいと日本へ帰ってきたユニークな男である。そのH君、何と十一ヵ国語ができる。一番得意なのはスペイン語だが、彼の場合は「好き」がすべてである。

文字が横に並んでいるのを見ると、ゾクゾクするほどうれしくなるのだそうだ。ギリシャ語だろうがラテン語だろうが英語だろうが、何でもいい。文字が横に並んでいたら、何時間でも見ているのが幸せ。そのこと自体にフィロソフィーを持っているから、いくらでも語学がうまくなるわけだ。

企業の経営に携わっていれば、売上が上がったり下がったり、税務署がやってきたり、従業員同士がもめたりと、いろいろある。しかし、そんなのが好き、会社の経営そのものが好きだという原点、フィロソフィーを持っている人の会社は、絶対に明るくて強い。

何かしら思い入れを持っているところに、従業員も魅かれてくる。熱っぽく語るところに銀行も金を貸す気になる。事業計画書もあやふや、漢字も間違っている。担保価値も大してない。しかし、この人の熱意と情熱とに賭けてみよう、と銀行内で融資が通るように、率直なアドバイスや協力をしてくれる。

企業人の持てる幸せというのは、そこではないだろうか。経営それ自体にフィロソフィーを持っている人は、とても幸せな人生が送れるのではないかと思う。

調子が悪いからといってしょげるのは、企業活動をする人の中身としては大したことがない。黒字になったり赤字になったり、世の中というのは何があるかわからない。自分の幸せというものを、それによって曇らすことはないし、生き甲斐とやり甲斐と喜びのボルテージを落とすこともない。ましてや不幸になることはない。

　小から身を起こして大きくなった企業人は、いっとき調子が悪くても、すぐにリカバリーするといったドラマを十年、二十年、三十年と続けている。企業人としての中身は同じ。何十年も黒字を出し続けている会社のオーナーは、みんな経営者としては一流なのだ。

　もちろん運もあるだろう。松下幸之助も、自分が今日成功しているのは九〇パーセントまでは運だと言っている。彼自身、そう実感しているのだ。ただし、勘違いしてはいけない。松下幸之助の性質とか考え方、フィロソフィーというのがあったからこそ、運を呼び寄せることができたのだ。

　そこはもう考えてもしようがない。私たちは、企業人としてのフィロソフィーのスタンダードを持って、この時代と業種の背景の中でベストを尽くすだけだ。それこそは、めぐり合いの縁と徳分かもしれない。

あきらめの心を克服せよ

会社を軌道に乗せ、事業を成功に導くには、とにかく徹底した研究を継続し、企業努力を積み重ねていくほかはない。そうした姿勢を貫いていけば、必ずや成功を掌中のものとすることができるだろう。とは言え、そこにいたるまでには、乗り越えていかなければならない壁がいくつもある。

その一つが〝あきらめ〟という壁である。徹底した研究と精進努力をすればすぐに成果があらわれる、というのなら誰も苦労はしない。しかし、現実は甘くはなく、そうそう簡単に結果は出ない。こんなに頑張っているのになぜ業績が上がらないんだろう。どうしてヒット商品が出ないんだろう。こんな儲からない仕事なんか、いっそやめてしまったほうがいいんじゃないか。そんな悩みに潰されそうになることもある。そこをグッとこらえて一年、二年、三年と黙々と企業努力を重ねていくと、ある日突然、パッと道が開けたりするものだが、そこまで達しないうちにあきらめてしまう人が非常に多い。

これは何もビジネスの世界に限ったことではない。芸術にしろスポーツにしろ、どんな世界でも、その道で業をなすためには、越えていかなければならない大きな壁がある。ほとんどの人がその壁を乗り越えることができずに、道半ばで断念してしまう。

その壁をいかに乗り越えるか。そこに、一流の域に達するか、まあまあで終わってしまうかの分かれ道がある。

奥が深いと言えば言えなくもないが、性格的に〝あきらめがいい〟人はとかく、「ああ、おれには才能がないんだ」と途中であきらめてしまいがちだ。努力しても努力してもなかなか売上に反映しなかったり、実績が伸びなかったり、従業員が居つかなかったりすると、どうしても「おれは経営に向いていないいんじゃないか。才能がないいんじゃないか」という思いにとらわれて、企業経営を断念してしまうわけだ。そういう人は、私の周りにもいっぱいいる。

それに対して、大成功を収めた経営者はみんな、あきらめの壁を乗り越えてきている。成功者の体験談を見聞すればわかることだが、彼らもあきらめの壁に何度もぶちあたっている。けれど、どんなに大きな壁にぶちあたっても決してあきらめることなく、さまざまな工夫をこらしながら、その都度、みごとに乗り越えてきた人々である。成功とは、その延長線上にあったのだ。その意味で、成功者と常人との違いは、あきらめの壁を乗り越える知恵を持っているか否かにある、と言ってもいいだろう。

経営は単なる技術である

一つの道を究めようとするとき、誰もが壁やスランプを体験する。

たとえば、長年にわたって日本のトッププレーヤーとして活躍していたジャンボ尾崎や中島常幸といったプロゴルファーにしても、あそこまで昇りつめるまでにはいくつもの壁を体験し、その都度、必死に努力をして越えてきたに違いない。

やったことのある人なら誰でも知っているが、ゴルフというのは練習しても練習してもなかなか上達しないスポーツである。スキーや水泳だったら、努力すればした分だけ腕が上がっていく。また、それを実感することができるし、一度、体が覚えたら二度と忘れることがない。つまり、努力の成果をそのままストレートに実感できるスポーツと言える。

ところが、どういうわけかゴルフは違う。少し練習した程度ではうまくならないし、うまくなったという実感も得られない。また、何かコツをつかんだように思っても、翌日になったらまた元どおりの悪いフォームに逆戻り。そんな繰り返しばかりが延々とつづくスポーツである。まことに奥の深い、難しいスポーツであり、そこに多くの人を魅了する理由もあるらしいのだが、反対に、なかなか上達しないもどかしさに嫌気が差して、やめてしまう人も少なくない。

さて、この壁をどう乗り越えたらいいのだろうか。これについて、プロゴルファーの中島常幸が素晴らしいことを言っている。曰く、

「ゴルフはしょせん、技術なんだ」

彼はいろいろな大会で優勝してきた。しかし、世界という大舞台で活躍するにはこれまでのフォームではだめだ、フォームを改造して大きく脱皮するんだ、と考えて、フォームの改造に取り組んだ。ところが、なかなか思うようにフォームが固まらない。そのため、二年もの間、悶々とした日々を過ごしたという。

その間は優勝もない。優勝できなければ、賞金も入ってこない。もちろん、そういうことも彼を悩ます理由の一つだったろう。しかし、もっと彼を苦しめたの

は、「おれにには、ジャンボ尾崎のような才能や能力がないのかもしれない。おれはだめかもしれない」という思いだったに違いない。ものすごい天才を目の前にすれば、誰だってやる気を失う。そんな絶望感にも似た思いが彼の心を支配していたはずだ。

それでも彼は、もっともっと大きくなるんだという夢を捨てずに頑張りとおし、いまや三〇〇ヤード以上飛ばすようになった。マスターズでも日本人最高の六十五のスコアをマークした。そういう成果を見て、「これでよかったんだ」と納得したということである。

その中島常幸が述べたせりふが、「ゴルフはしょせん技術である」という言葉だが、この背景には、それだけの苦労があったのだ。

ゴルフに限らず、何かを習得しようとする場合、素質がなければだめだとか運がなければだめだとか、いろいろ言われている。もちろん、素質も必要だろうし運も必要だろう。しかし、素質論や運命論でとらえてしまうと、努力する意欲をなくしてしまう。

そこを中島常幸は「ゴルフはしょせん技術なんだ」と割り切って、クラブをどう使っていけばいいのかとか、雨のときにはどう攻めていけばいいのかとか、あらゆるケースを想定して技術を磨いていった。ものの考え方、メンタルな部分の持ってゆき方、クラブの使い方、コースの攻め方――あらゆる技術の習得に励んだ。スランプに苦しんでいるときにも、「ゴルフはしょせん技術なんだ」と自分自身に言って聞かせたわけだ。

そう割り切って努力を続けていくと、有形無形の技術革新ができて、結局は非常に技術が練達し、達人の域に達する。運、不運というのはその次にくるものなのである。

会社経営も、これと同じだと言える。

松下幸之助は経営の神様として尊敬されていたが、あの域に達するまでには幾度とない苦しみや葛藤があったはずだ。そして、試行錯誤を繰り返しながら、いわゆる経営の技術を磨いていく歴史があったに違いない。最初から神様であったわけでは決してないのだ。もちろん抜群の素質もあったろうが、華々しい実績ばかりに目を奪われて、他人の目には見えない努力の部分を見逃してしまうと、結局、「おれには才能がない。素質がない、だからだめだ」ということになりかねない。

ゴルフも技術、経営も技術なんだと思えば、努力しようという気が起きてくる。努力する意欲さえ持つことができれば、あとは、何をどう努力し、研究するか、である。もちろん、苦労はまだまだ続くかもしれないが、努力、研究を続けていければ、いずれの日にか必ずや光明が訪れるはずである。

いまの仕事を天職だと思え

人間誰しも、一つのことをずっとやっていると、いつか必ず飽きてくる。仕事でも趣味でも何でも、一つのことをやっていると必ず飽きるときがやってくる。その飽きるという壁をいかに乗り越えるか。これも、まあまあで終わってしまうか、一流の域に達するかの大きな分かれ道であり、あきらめと並ぶ経営の大敵であると言える。

もちろん、企業が軌道に乗らないうちは、飽きもへチマもない。ただひたすら、シャカリキになって頑張るだけである。しかし、ある程度の基盤ができて、企業がどうにか軌道に乗ってくるようになると、誰にも飽きるという問題が生じてくる。

「もっとほかに自分に合った仕事があるんじゃないだろうか」

「もっと有意義な仕事はないんだろうか」

こんな思いが一陣の風となって心の中をサッと吹き抜けたときに、じつは放漫経営が始まったりするのだ。それだけに、飽きる心の克服は、経営者にとって非常に重要なテーマである。では、どうしたら克服できるのか。これについて、経営コンサルタントの故・船井幸雄さんがいいことを言っている。曰く、

「いまの仕事が天職だと考えよ」

たとえば不動産屋だったら、「私には不動産屋が天職なんだ。これ以外にないんだ」と考える。大工だったら「大工が天職なんだ」、学校の先生だったら「教師が天職なんだ」と、いまやっている仕事を天職と信じ込む。それが秘訣だとおっしゃる。

たしかに、天職だと思えば気合が入る。腰が入る、腑が入る。

「よーしやるぞ。自分の天職は不動産屋なんだ。不動産屋で一番になるんだ」と

ものすごい気合が入る。そして、気合が入った分だけ、いくらでも注意が行き渡るし、精進努力が続く。反対に、

「天職なんだろうか、どうなんだろうか。もっと自分に向いている仕事があるんじゃないいんだろうか」

なんて迷っていると、集中力、没入力が弱くなる。だから、飽きの心がうずいてきたら、とにかくその仕事を天職だと考える。

「下手の考え、休むに似たり」と言うではないか。安易に道を変えようと悩むくらいなら、居眠りするほうがマシというものだ。

お客さま第一主義に徹せよ

次に、

「自分の仕事は社会の役に立っている」

と考える。現実に役立っているかどうか、そんなことは考えない。とにかく、役立っていると思い込む。ここがポイントだ。

この場合、世の中のためというと少しばかり漠然としてしまうので、お客さまに役立っている、消費者に役立っている、と考えるといいだろう。つまり、お客さま第一主義に徹するわけだ。

「お客さまは本当に喜んでくれているだろうか」

「お客さまは何を求めているんだろうか」

こういう気持ちで絶えずやっていくと、そこに愛と真心が入り、注意が行き渡る。サービスが行き渡る。気配りが行き渡る。そういうお店なり会社なりには、そこはかとない温かな空気が流れるから、「ああ、いいなあ、このお店は」といってお客さまが逃げない。顧客が逃げない。逃げないどころか、何回でも来たくなるし、紹介もしてくれる。

ところが、失敗する人はそこまでの気合が入らない。気合が抜けている。その抜けた分だけお客さまも抜けていく。お客さま第一主義の愛と真心に欠けているからだ。

その愛と真心はお客さまに向けるだけではない。会社には従業員もいるだろうし、従業員の家族もいるだろう。それから自分の家族もいるはずだ。それらすべてに愛と真心を向ける。

「従業員は喜んで仕事をやっているだろうか」

「従業員の家族は喜んでいるんだろうか」

「自分の妻や子どもたちは喜んでいるだろうか」

そこまで徹すれば、従業員は逃げないし、妻が逃げ出すこともない。

とにかくまず、「天職だ」「世の中に役立っているんだ」と思い込むこと。そうすれば仕事に熱が入り、魂が入り、心が入っていく。

経営者がこういう姿勢を貫いているところは、ライバルの多い過当競争の中でも、みごとに勝ち抜いているのである。

深見東州（半田晴久）Ph.D.

株式会社　菱法律・経済・政治研究所
代表取締役社長。

1951年、兵庫県生まれ。

カンボジア大学総長、政治学部教授。

東南アジア英字新聞論説委員長。

東南アジアテレビ局解説委員長。

中国国立浙江工商大学日本文化研究所教授。

その他、英国、中国の大学で客員教授を歴任。

社団法人日本ペンクラブ会員。現代俳句協会会員。

声明の大家（故）天納傳中大僧正に師事、天台座主（天台宗総本山、比叡山延暦寺住職）の許可のもと在家得度、法名「東州」。臨済宗東福寺派管長の（故）福島慶道師に認められ、居士名「大岳」。

国内外に十数社を経営し、実践派経営コンサルタントとして多くのシンポジウム、講演会を主宰、経済・政治評論活動を行っている。

人生論、経営論、文化論、宗教論、書画集、俳句集、小説、詩集などの著作も多く、『「日本型」経営で大発展』、『UNDERSTANDING JAPAN』や、191万部を突破した『強運』をはじめ、文庫本を入れると著作は320冊以上に及び、7カ国語に訳され出版されている。


（2023年10月現在）

深見東州氏が所長を務める経営コンサルタント会社「株式会社　菱《びし》法律・経済・政治研究所」では、経営相談、各種セミナー等、様々な活動を行っております。資料パンフレットもございますので、詳しくは下記連絡先までお問い合わせ下さい。

株式会社　菱《びし》法律・経済・政治研究所（略称 菱研《びしけん》）
〒167-0053　東京都杉並区西荻南 2-18-9　菱研ビル 2 階
フリーダイヤル　0120-088-727
電話　03-5336-0435　　FAX　03-5336-0433
メールアドレス　bcc@bishiken.co.jp
ホームページ　https://www.bishiken.co.jp

たちばなビジネス新書
入門　成功する中小企業の経営
平成二十七年二月二十八日　初版第一刷発行
令和　六　年十一月二十五日　第四刷発行
著　者　深見東州
発行人　杉田百帆
発行所　株式会社　ＴＴＪ・たちばな出版
〒167-0053
東京都杉並区西荻南二丁目二〇番九号
たちばな出版ビル
電話　〇三-五九四一-二三四一（代）
FAX　〇三-五九四一-二三四八
ホームページ　https://www.tachibana-inc.co.jp/
印刷・製本　萩原印刷株式会社

ISBN978-4-8133-2530-7